国家出版基金项目

国家社科基金
重大项目成果

对外汉语教学语法丛书

◎总主编 齐沪扬

数 词

李劲荣 ◎主编 | 钟小勇 ◎著

北京语言大学出版社
BEIJING LANGUAGE AND CULTURE UNIVERSITY PRESS

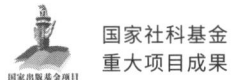

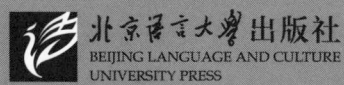

© 2023 北京语言大学出版社，社图号 23269

图书在版编目（CIP）数据

数词 ／ 李劲荣主编；钟小勇著 . -- 北京 ：北京语言大学出版社，2024.3
（对外汉语教学语法丛书 ／ 齐沪扬总主编）
ISBN 978-7-5619-6484-2

Ⅰ．①数… Ⅱ．①李… ②钟… Ⅲ．①汉语－数量词－对外汉语教学－教学研究 Ⅳ．①H195.3

中国国家版本馆 CIP 数据核字（2024）第 003467 号

数词
SHUCI

排版制作：	北京光大印艺文化发展有限公司
责任印制：	周 燚

出版发行：	北京语言大学出版社
社　　址：	北京市海淀区学院路 15 号，100083
网　　址：	www.blcup.com
电子信箱：	service@blcup.com
电　　话：	编 辑 部　8610-82303647/3592/3395
	国内发行　8610-82303650/3591/3648
	海外发行　8610-82303365/3080/3668
	北语书店　8610-82303653
	网购咨询　8610-82303908
印　　刷：	北京联兴盛业印刷股份有限公司

版　次：	2024 年 3 月第 1 版	印　次：	2024 年 3 月第 1 次印刷
开　本：	787 毫米 × 1092 毫米　1/16	印　张：	15.5
字　数：	247 千字		
定　价：	78.00 元		

PRINTED IN CHINA
凡有印装质量问题，本社负责调换。售后QQ号1367565611，电话010-82303590

总　序

摆在读者面前的，是国家社科基金重大项目"对外汉语教学语法大纲研制和教学参考语法书系（多卷本）"（17ZDA307）的所有成果。这些成果包括大纲系列4册、书系系列26册、综述系列8册，以及选取研究过程中发表的一部分优秀学术论文集辑而成的论文集1册，共计39本著作，约700万字。这个项目的研制，历时5年有余，参加的研究人员多达50余人，来自国内和海外近30所高校。

2017年11月，全国哲学社会科学工作办公室正式公布"2017年度国家社科基金重大项目立项名单"。2018年4月14日，国家社科基金重大项目"对外汉语教学语法大纲研制和教学参考语法书系（多卷本）"的开题报告会举行。2019年8月，2017年度国家社科基金重大项目中期检查评估报告提交，2023年1月召开课题结项鉴定会。

根据专家组意见，特别是专家组组长赵金铭教授两次谈话的意见，按照全国哲学社会科学工作办公室立项通知书上的要求，本项研究牢固树立问题意识、创新意识和精品意识，立足学术前沿，体现有限目标，突出研究重点，注重研究方法，符合学术规范。项目的执行情况、所解决的问题和最终成果如下：

大纲、书系和综述是主要的研究成果。三类不同的成果面对的读者是不一样的：大纲是给教师教学与科研使用的，同时也顾及学习汉语、研究汉语的一些国际学生；书系主要是给在一线教学的对外汉语教师看的，以解决这些教师在教学过程中的实际问题为目的；综述是对大纲和书系的补充，主要面向对外汉语教师、汉语国际教育专业研究生和本科生，以及需要进一步了解、研究相关领域的群体，为这些人继续研究相关问题提供材料和方法。三种不同的读者群体决定了三类成果的不同写法。

1. 大纲研制

大纲研制的最终成果是两套大纲：分级大纲（初级大纲和中级大纲）和分类大纲（书面语大纲和口语大纲），共4册。语法大纲不局限于语法知识本身，而是以学习者语言能力的培养为目标。凡是能促进学习者语言能力的语法项目都应析出为大纲的项目。语法项目的编排依据的是语法形式，使用条件式来描述细目的功能。使用条件式有利于促进语法知识转化为语言能力。

分级大纲中语法项目的等级不宜简单理解为语言本身的难度区分，更应理解为习得过程性的内在要求。以促进学习者生成语言能力为目标，支持学习者语言能力生成的语法项目都应列目，项目编排以语法结构为基础，细目的描写以促进语言能力生成为重。大纲体现习得的过程性，总体上为螺旋形呈现。

目前对外汉语教学和科研依据的都是通用语体的语法大纲，至今尚没有分语体的大纲问世，这种状况显然与发展迅速的第二语言教学事业不相适应。书面语语法大纲和口语语法大纲的研制，填补了大纲研究的空白，在今后的教学指导、教材编撰、汉语水平测试等方面，都能发挥很大的作用。

2. 书系研发

我们在全国范围内分三批次遴选和推荐了撰稿人，这些撰稿人都有长期从事对外汉语教学的经历，且都是语法专业背景出身。从目前情况看，学术界和教学界都需要这一类书，这套书也具有填补空白的作用。而且，这套书是开放性的，条件成熟了可以再继续做下去，达到30本到50本的规模，甚至再多一些都是可能的。

书系的研发应以"语法项目"作为书名，不求体系完整，成熟一本撰写一本；专业性不能太强，要考虑到书系的读者需求，他们阅读这本书是为了解决教学上的问题，除了必要的理论阐述和说明之外，要尽量早一点儿切入到教学中去；提出的问题要切合教学实际，60~80个问题，其实就是这本书的目录，有人来查，很快就能对症下药，找到自己想要的东西；提的问题要有针对性，要有实用性，针对学生的水平等级，围绕这个语法项目，把教学上可能遇到的问题按等级排序。总之，这是一套深入浅出的普及性小册子，一定会受到广大对外汉语教师的欢迎。

3. 综述编著

按照标书要求，阶段性成果包括两套综述汇编。编著这两套综述汇编，首先是项目研制的需要，是和大纲研制、书系研发互相支撑、互相配合的；其次是近20年的综述汇编，学术界和出版界均尚无相关成果问世，很多研究者迫切需要这方面的资料；最后是这套综述汇编的写法与其他综述成果不同，两套综述不仅仅是"资料汇编"，里面更有很多作者的评议和引导，是"编著"类的"综述"，这类"综述"其实是不多的。这样的写法比目前在做的或者已经出版的"综述"要科学得多，实用得多。

综述分为两套：《近20年对外汉语语法教学研究》和《近20年汉语作为第二语言语法习得研究》。综述的主要读者应该是研究者，是关心该领域的研究者，作者收集的材料要尽可能齐全，作者所做的分析要有依据，作者做出的解释要能让研究者信服。两套综述都能做到对相关问题做出梳理，述评结合，突出评价的学术性、原创性和实用性，力图使读者对相关论题有一个全面的认识和深刻的思考，并为进一步的研究提供方向。

对上述这些成果的介绍只能点到为止，事实上，具体到每一本著述，都是有必要重点介绍的。好在每套书都另有主编，请读者自行阅读每套书的主编写的"序"吧。我这里还想向读者介绍的是这些著述的作者们，没有他们，这些成果难以问世。

本项课题涉及面广，研究人员多，在最初填写招标书时我们已经意识到了："本项研究工程浩大，……大纲和书系非一校之力可完成，将集中全国不同高校共同承担。"本课题前后参加研究的人员有50多人，分布在国内及海外近30所高校。如何将这些研究人员组织起来，集思广益，凝神聚力？课题组在"集全国高校之力"上，下了大力气。

原先设想由某个高校具体负责某块项目研究，但该想法在实际操作中遇到了问题。开题报告会后，课题组调整后的组织方式体现出优势来。四个研发小组的组长取代了原来子课题负责人的职位和功能，优势体现在：他们面对的是具体的项目，而不是具体的研究人员；他们针对项目选取研究人员，而不是为已有的研究人员配备研究内容；他们可以从全国高校选择自己相中的研究人员，而不需采取先满足校内再满足校外的程序和方式。人尽其才，物尽其用，效率提高，质量保证，自然是意料之中的结果。例如，书系组的20多位作者来自15所高校，综述组的作者来自12所高校。这是第一个方面。

第二个方面，就是充分利用会议的机会，将会议定位于有目标的会议、有任务的会议，让会议开出成效来。自课题立项之后，围绕着课题的研究进展，课题组已经开过多次会议。一是一年一度的"教学语法学术讨论会"，课题组所有人员都参加，至今已经开过多届：淮北（2017）、扬州（2018）、南宁（2019）、黄山（2020），等等。二是一年多次的课题专项讨论会，有需要就开。如在杭州，就分别开过综述组、数据平台组、书系组的专项讨论会；在南京、上海都开过大纲组的专项讨论会；2020年7月，在腾讯会议上开过两次大纲组的专项讨论会；等等。这些会议目标明确，交流便捷，解决问题能力强，时间跨度短，是联络不同高校研究人员的好方式。

这套书的所有主编和作者都十分尽力。对外汉语教师的工作量很大，大多数人都有每周10节以上的课时量；况且，大多数人的手上还有自己的科研项目要做，还有自己指导的研究生的论文要看，还有各自的不同研究论文要写。种种忙碌和辛苦之中，要挤出这么多时间和精力，去从事另外一块研究任务，还是高标准、有要求、无报酬的研究任务，如果没有一种对对外汉语教师这个职业的由衷热爱，没有一种为对外汉语教学事业做点儿贡献的精神支撑，他们是断然不可能接受这样的研究任务的。更何况有些作者接受了两项不同的研究任务，研究强度和研究压力可想而知。因此可以这么说，这些成果渗透着作者们的辛劳，饱含着作者们的心血，每一本都是"呕心之作"，这样的赞誉是得当的。

北京语言大学出版社是这个项目的合作者和推动者。项目立项不久，出版社和课题组就有过接触。出版社前后两任社长和总编辑都向课题组表过态，希望这个课题的所有成果能在北京语言大学出版社出版，出版社愿意为课题的宣传、推广、出版尽责任，做贡献。2020年1月，课题组和出版社有过进一步的密切联系，敲定了详细的合作计划。2022年3月，出版社申报的"对外汉语教学语法丛书"成功入选2022年度国家出版基金资助项目。这些成果的出版，没有出版社的支持是做不到的。

再次感谢在漫长的研究过程中给予我们支持、帮助的所有老师和朋友。

对于这套教学参考语法书系，这里想重点介绍下这套书系的编撰特点和编撰原则。编撰特点可以归纳为以下四点："设计理念要接受多元的语言学理论指导""编撰方针是两种语法分析方法的结合""结构框架要考虑本体研究和教学研究的需要""问题设计要以'碎片化'语法为主"。关于这四点的具体阐述就不再展开了，事实上读者通过这四点已经可以大致了解这套书系的编撰理念了。入选的26本专著选取了不同的语法项目作为书名，面对不同的主题，每本书都会在不同层面、不同角度、不同对象上反映出这套书系的整体面貌和阐述形式，以及结构框架和问题设计，值得一读。

这套教学参考语法书系两个必须遵守的编撰原则是普及性和实践性。普及性原则体现在要做到对读者进行语法知识的普及。语法知识普及要考虑两个方面的问题：一是理论知识的普及，一是语法术语的普及。书系的编写还要遵守实践性的原则，这个原则体现在三个方面：一是面向教学实践，二是面向教师群体，三是面向教学语法。这套书系不以学术高度与理论深度为目标，而以是否能够解决实际问题为标准。出版这样的系列丛书尚属首次，相信普及性原则和实践性原则会使这套书系更接地气，更受欢迎。

教学参考语法书系研发是和汉语教学语法大纲研制平行的、互相支撑的一项研究，书系是以大纲为参照编写的，作为本体研究和教学研究的重要工具书，是对大纲的深化和阐述。书系书目的确定，编写方式的确定，以至于作者队伍的确定，都尽量做到和大纲的研制同质同步。当然，由于书系服务的目标人群和大纲不完全一样，作者会更多地关注语法教学的实效性，对具体问题的一些处理，可能会有与大纲不同的地方，这一点也是需要说明的。

谨以此作为总序。

齐沪扬

初稿于 2020 年 7 月

二稿于 2022 年 5 月

三稿于 2022 年 12 月

序

在汉语作为第二语言教学的进程中,词类教学的景况用"冰火两重天"来形容并不为过:虚词是"火",实词是"冰"。也就是说,虚词一直是汉语语法教学的重点内容,实词(除量词外)向来只充当"配角"。形成这一局面自然与词类本身的特点有关。从汉语自身看,汉语的虚词虽然相对封闭,但种类多样,用法灵活,功能强大,个性特征十分鲜明,由此成为二语学习者不易掌握的习得难点;而实词尽管开放,但词类内部的共性特征相对较突出,二语学习者可以"类"的方式习得。从语言之间的类型比较看,实词是语言共性的一个表现,虚词则体现的是语言之间的类型差异,因为不管哪种语言,一般都有实词(特别是名词和动词),但是,不是每种语言都有虚词(尤其是语气词和助词等),共性易习得,差异难习得。

尽管如此,汉语实词的类型特征仍不该被忽视。比如,数词有"二"和"两"之分,概数义的词语又有"多""把""来"和"左右""上下""前后"等不同表达;形容词分为性质形容词和状态形容词两大类,性质形容词又有单音节和双音节的区别,体现出了音节(形式)和意义之间的紧密关联;动词并不严格区分及物与不及物,动词的体范畴特征复杂以至于对"了""过""着"的选择存在较多制约;名词经常直接做定语,光杆名词因不同语境可以有多种指称功能;等等。教学实践表明,以上这些特征都是二语学习者的难点,也因此产生了"今天有两百把人参加了考试""你比她漂漂亮亮""他总是说话不算数,我讨厌了他""周末,我常常去看一部电影"等各种偏误。

本专辑正是基于此而编写的。其中，名词、数词、量词和形容词这四类词采取的是整体概览的做法，动词因为内部的复杂性而暂时只选择对心理动词加以细观，因此最终形成了《名词》《数词》《量词》《形容词》《心理动词》这五本专书。本专辑各书均以问题为导向，分别从理论知识、习得偏误和教学方法三个方面进行介绍，力求体现作为教学参考用书的三个基本原则：普及性、实用性、针对性。一是普及性。专书主要是为从事国际中文教育的一线教师编写的，不追求理论深度，而是着重为其普及各词类的相关语法知识，且这些知识在学界已达成基本共识。二是实用性。首先是常用，即涉及的知识点为各词类的基本语法项目，并且注重学生容易出现偏误的情况；其次是典型，即一些非典型的且尚未被认定为汉语语法基本规则的项目暂不考虑。三是针对性。针对不同水平、不同等级的二语学习者的习得情况，专书在内容上也尽量按照初、中、高三个等级顺序进行安排。

当然，本专辑各书也有自具特色之处。《名词》尝试将百科知识纳入到语言知识中来，运用百科知识解释与名词相关的语言现象；《数词》巧妙地将语言与文化相结合，尽显汉语数词丰富的文化蕴意；《量词》着眼于认知观念，力图揭示量词对名词的选择以及量和名词之间搭配的认知理据；《形容词》注重"形式聚焦"教学，强调在交际活动中引起学习者对语言形式特征的注意；《心理动词》讲究词汇与语法并重，推崇"语法知识词汇化"的教学理念。这些特色体现了各专书作者针对不同词类特征所做出的努力探索。

既然是尝试，是探索，就不可避免地还存在这样或那样的问题，还留有这样或那样的不足，殷切盼望学界同人批评指正。同时，也真诚希望本专辑的出版，能够为一线尤其是本土中文教师教授汉语实词提供切实有益的帮助，能够让实词教学逐渐"火"起来。

李劲荣

2022 年 5 月

目 录

数词概说 / 1

第一部分 数词知识篇 / 7

1. 什么是数词？ / 7

2. 数词有哪些类别？ / 11

3. 什么是基数词？ / 15

4. 什么是系数词？ / 16

5. 什么是位数词？ / 19

6. 什么是概数词？ / 24

7. 什么是序数词？ / 27

8. "二"和"两"有什么不同？ / 35

9. "十"是系数词，还是位数词？ / 43

10. "千万"和"万万"性质一样吗？ / 46

11. 数词有哪些用法？ / 50

12. 数词结构有哪些类型？ / 54

13. 如何表达概数？ / 58

14. 如何表达倍数？ / 63

15. 如何表达分数？ / 69

16. 如何使用概数词"几"？ / 76

17. 如何使用"几""多少""若干"表概数？ / 82

18. 如何使用"许多""好多""好些"表概数？ / 87

19. 如何连用数字表概数？ / 91

20. 如何使用"成""上"表概数？ / 95

21. 如何使用"近"表概数？ / 101

22. 如何使用"约"表概数？ / 106

23. 如何使用概数词"多"？ / 110

24. 如何使用概数助词"把"？ / 116

25. 如何使用概数助词"来"？ / 119

26. 如何使用概数助词"左右"？ / 125

27. 如何使用概数助词"上下"？ / 129

28. 如何使用概数助词"前后"？ / 131

第二部分　数字使用篇　/ 135

29. 数字使用的主要原则是什么？ / 135

30. 如何理解"同类别同形式"？ / 138

31. 什么情况下使用汉字数字？ / 143

32. 什么情况下使用阿拉伯数字？ / 147

33. "2名设计师"的表达规范吗？ / 152

34. "16、7岁"的表达规范吗？ / 154

35. "1980 年代"的表达规范吗？ / 158

36. "二 00 一年 5 月 12 日"的表达规范吗？ / 162

37. "0" "〇"和"零"一样吗？ / 166

38. "5·1 劳动节"的表达规范吗？ / 170

39. "100"占几格？ / 174

第三部分　数词文化篇 / 180

40. "三五"是多少？ / 180

41. "五湖四海"是哪五湖，哪四海？ / 184

42. 孔子有多少弟子？ / 189

43. 什么是数词框式词语？ / 194

44. 为什么"三天两头"表多，"三言两语"表少？ / 198

45. 为什么"二百五"是骂人的话？ / 201

第四部分　数词教学篇 / 206

46. 数词教学要注意哪些问题？ / 206

47. 数词教学常用的方法有哪些？ / 209

48. 如何教"一万"以上的大数？ / 215

49. 如何教数字的使用？ / 218

50. 如何教数词文化？ / 223

参考文献 / 227

后　记 / 231

数词概说

一、汉语数词及数词教学

(一) 数词简单而复杂

汉语数词数量不多，系数词主要有一、二、三、四、五、六、七、八、九、几、两等，位数词主要有十、百、千、万、亿等。但数词用法复杂，如《现代汉语词典》[①]中"一"有10个义项，其中归为数词的有7个；《汉语大词典》中"一"有31个义项，绝大多数义项都是数词"一"的意义或用法。

此外，"二"和"两"、"几"和"多少"、"好多"和"许多"等数词有同有异，是学习和教学的难点。

数词可以构成数词结构，还可以和量词、助词等构成概数、分数、小数和倍数等各种涉数表达；而且许多结构或表达形式丰富，用法多样，如概数表达有十几种。

此外，汉语数词含义丰富，汉语数词文化博大精深，引人入胜，是汉语魅力的重要体现。

(二) 数词教学是汉语教学的重要内容

用数词计量或编目是日常生活的重要活动，数词是对外汉语教学、跨文化交际的重要内容，现有教学大纲或标准、对外汉语语法教材或文献都将数词作为

---

① 参见《现代汉语词典》（第7版），商务印书馆2016年出版。

重要内容（刘月华、潘文娱、故韡，2001；齐沪扬，2005；等）。如王还（1995）涉及数词的划分、语法特征和句法功能。在最近颁布的《国际中文教育中文水平等级标准》（GF0025—2021）中，一至四级语法点均涉及数词或数的表示法，该标准将钱数、时间、概数、小数、分数、百分数和倍数表示法看作特殊表达法。

可以说，数词使用正确与否是衡量学习者汉语水平高低的重要标准之一。

（三）数词使用偏误不容忽视

数词使用存在不少偏误，如朱虹（2017）探讨了美国学生习得汉语概数词的偏误，指出"把"出现的偏误最多（占所有概数词偏误的54.44%），"前后""好几""来""左右"等都出现了较多偏误（大于或等于20%）。但总体而言，学界对数词使用偏误关注得还不够。

此外，留学生数词、数字选用或使用也存在较多偏误，如用邻近数字表达概数时选用阿拉伯数字形式，表达同类事物（如年、月、日）选用不同的数字形式。与数字选用或使用相关的符号运用（标点符号、占格等）也存在较多偏误，如有的一个阿拉伯数字占一格，甚至出现一个数词结构（阿拉伯数字形式）分列上下两行的现象。这些偏误未见有文章进行系统、专门的探讨。

（四）对数词教学的关注不够

据笔者所知，只有少数几篇文献谈到数词教学，如王金柱（1988）用表格形式讲授汉语称数法，米凯乐（1990）探讨了怎样教授汉语大数字（"万"及其以上）。

数词可以构成各种概数表达，如何教授概数？数词蕴含丰富的文化知识，如何教授数词文化？如何引导学生规范使用数字？这些方面在教学中都应予以重视。

二、数词研究概况

（一）本体研究

主要集中探讨数词分类、用法和数词文化等。

1. 数词分类研究

许多文献都探讨过数词的分类，如朱德熙（1982）认为数词包括系数词、位数词、概数词、"好些、若干"和"半"。黄伯荣、廖序东（2017）将数词分为基数词和序数词。王还（1995）认为数词包括基数、概数和序数。刘月华、潘文娱、故铧（2001）认为数词包括基数词、序数词，基数又包括整数、分数、小数和倍数。齐沪扬（2005）将数词分为基数、序数和数量数词（如"俩、仨"），基数再分为系数、位数、概数、小数和倍数。张斌（2010）认为数词可以分为系数词、位数词和概数词。赵世开（1999）将数词分为基数词、序数词和概数词；基数词又分为简单基数词（系数词和位数词）和复合基数词（由系数词和位数词组成）；序数词又分为基数词前加"第-"类、不加"第-"类、其他惯用类和附类（天干、地支）四类；概数词又分为简单概数词和复合概数词；复合概数词又分为相近数词连用、数词前加"成、上"等字和数词后加"把、多"等字三类。更多的数词分类成果可参看刘苹（2013）。可以这样说，没有两种文献的数词分类是完全相同的，这显示出数词分类的复杂性。

笔者认为，有关数词分类要注意以下问题：第一，数词和数目要加以区分，数词是语法概念，数目是意义类别。如"几"是概数词，也表达概数；"九千五百三十斤左右"表达概数，但不宜看作概数词，可以看作概数表达。第二，数词的分类标准多样，因而分类结果有交叉。如"五"既可以是基数词、系数词，还可以是序数词；"几"可以是基数词、系数词、序数词，还可以是概数词。

2. 数词用法研究

汉语数词虽然较少，但用法多样，如可以构成各种数词结构，也可和其他词语构成各种涉数表达。不少文献都探讨了数词和其他词语构成的概数、倍数、小数和分数表达及其所受到的限制（刘月华、潘文娱、故铧，2001；齐沪扬，2005）。

也有不少文献辨析了同义或易混淆数词。如朱德熙（1982），齐沪扬（2005），刘月华、潘文娱、故铧（2001）和王还（1995）比较了"二"和"两"的异同；张思婷（2011）辨析了"多"与"几"；杨德峰（1993）、张谊生（2001）和应学凤、王晓辉（2014）比较了概数助词"来"和"多"的异同。

3. 数词文化研究

数词的文化内涵和修辞功能是数词本体研究的另一重要内容，张清常（1990）、张德鑫（1999）等是这方面的代表。张清常（1990）通过对汉语15个数词（零、半、一、二、三、四、五、六、七、八、九、十、百、千、万）的词汇意义和用法进行分析，揭示了数字使用的社会背景，探讨了数字使用的风俗习惯、心理文化。张德鑫（1999）对汉语常用数词的文化内涵进行了全面探讨，如"一"，作者从哲学家心中的"一"、语言学家眼中的"一"和文学家笔下的"一"三个方面进行了考察。作者认为语言学家眼中的"一"是独特的变数，极具个性，可出现于不同结构、不同搭配和不同语境，可实可虚、亦大亦小、又少又多，变化多端，可广结语缘。张德鑫（1999）不囿于汉文化，还从中外文化审美心理对比、汉族文化与少数民族文化交融的角度探讨了汉语数字的文化意蕴，认为汉语"十""六"等数字的吉凶象征，通达古今，中外相映；而"七十二"风行的源头可能跟彝族的太阳历有关。

不过值得注意的是，数词文化需要"提出更明确的立论和通过充足论据来展开更加严密的论证"[①]。

4. 数词形式语义研究

有一些文献从逻辑或形式语义的角度探讨数词的意义，如贺川生、邓丽芳、谢丽丽（2020）探讨了概数助词"多"的句法和形式语义，认为"多"是黏在整个数词结构后面而不是黏在位数词后面。贺川生、潘海华（2014）探讨了平均句中的分数名词短语（如"1.43个孩子"）及其指称问题，认为它既不指称个体又不指称数量。作者提出"平均"是一个语义复杂的词项，包括三个意义：全称量化、算术除法和一一对应。再如吴庄、戴悉心（2009）概括了语言学界关于数词的四种逻辑意义：下限语义论（"至少n"）、双边限定语义论（"正好n"）、多义论（"至少n""最多n""正好n"）和语义不确定论（中立于"至少n""最多n""正好n"）。作者认为数词的意义涉及语义学和语用学的接口问题，如何看待数词的语义，在很大程度上取决于采取何种理论框架。

---

① 引自邢福义先生给张德鑫（1999）写的序。

（二）应用研究

数词习得和教学研究是数词应用研究的重要内容，如朱虹（2017）探讨了美国学生习得汉语概数词的偏误，王金柱（1988）探讨了用表格形式讲授汉语称数的方法，米凯乐（1990）探讨了大数的教法，曾常红（2018）是面向对外汉语的数词研究专著。

尤其值得关注的是，越来越多的学位论文（主要是硕士学位论文）以数词汉外对比或汉语数词教学为课题进行研究。笔者在中国知网"学位论文"中以"数词"为篇名进行检索（2021年6月5日），发现近十年（2011—2020年）有30多篇学位论文探讨相关问题。这显示出汉语数词教学（特别是数词的国别教学）的研究势头强劲，前景广阔。

虽然数词研究成果丰富，我们的数词及数词教学研究仍要尽量做到内容全面、重点突出、简明浅易，同时又要切近对外汉语教学实际。

三、内容框架

本书主要分为数词知识、数字使用、数词文化和数词教学四部分，数词习得分布在数词知识、数字使用和数词教学中。

（一）数词知识篇

数词类别复杂多样，此部分将对基数词、系数词、位数词、概数词、序数词等数词基本概念进行辨析，探讨数词类别之间的联系与区别，明确各类数词与相应概念的区别与联系。

数词可以构成简单系位构造、系位组合、复杂系位构造等数词结构，此部分将探讨数词与数词结构的关系、各类数词结构的内部类别。数词和数词结构可以统称为"数词语"。

数词可以和其他词语（助词、量词等）构成概数、分数、小数、倍数等涉数表达，其中概数表达更是类型多样，概数词、邻近数字连用、数词语前加"成、数、上、近"等词语、数词语后加"左右、上下、前后、以上、以下"等都可以构成概数表达。此部分将详细描写各个表达的特点，探讨它们所受的限制。

（二）数字使用篇

汉字数字和阿拉伯数字都可以表达数目，书面表达涉及数字使用或选用的问题。此部分将探讨留学生书面作文中数字使用或选用偏误的问题。

此部分将重点探讨数字使用或选用的原则、倾向于使用汉字数字的情形以及倾向于使用阿拉伯数字的情形，对留学生作文中偏误较多的概数表达、年月日表达、"零""0""〇"的使用、与数字相关的标点的使用、数字占格等现象亦进行探讨。

（三）数词文化篇

汉语数词具有丰富的文化含义，此部分将重点探讨数词连用（如"三五"）、数词略语（如"五湖四海"）、喜用数词（如"七十二"）、数词框式结构（如"三心二意"）、数词詈骂语（如"二百五"）、一数多义等现象，以揭示数词含义虚实变化、心理文化丰富的特点，使学习者感受汉语数词文化的博大精深。

（四）数词教学篇

此部分主要探讨数词教学需要注意的问题、数词教学的主要方法、"一万"以上大数字的教学、数字使用教学及数词文化教学。这部分主要是宏观探讨。

第一部分　数词知识篇

1. 什么是数词？

1.1　数词的含义

下面是常用文献和词典对数词的定义或解释：

ⅰ．表示数目的词是数词。（胡附，1984）

ⅱ．表示数目的词。（《现代汉语词典》）

ⅲ．数词是表示数目的词。（刘月华、潘文娱、故桦，2001；王还，1995）

ⅳ．数词表示数目或次序。（黄伯荣、廖序东，2017）

ⅴ．数词表示数目和次序。表示数目的是基数词，表示次序的是序数词。（邵敬敏，2016）

ⅵ．数词是表示数目或次序的词。（《语言学名词》）

这些定义或解释可以分为两类（ⅰ～ⅲ是一类，ⅳ～ⅵ是一类），差别在于是否将次序看作数目，或者说，数目是否有广义（包含次序）、狭义（不包含次序）之分。下面看《现代汉语词典》对"数目"和"次序"的解释：

【数目】通过单位表现出来的事物的多少。

【次序】事物在空间或时间上排列的先后。

据此，数目不包含次序，数目和次序是并列关系。笔者也采取这种观点，认为数词是表示数目或次序的词。

1.2 数词与数目或次序

数词虽然表示数目或次序，但表示数目或次序的不一定是数词，如：

（1）A：你跑得怎么样？

　　B：跑了第<u>五</u>名。

（2）A：你跑得怎么样？

　　B：跑了<u>1000</u>米。

（3）A：你跑得怎么样？

　　B：我<u>在</u>小李<u>前面</u>。

例（1B）中的"五"表示次序，是数词；例（2B）中的"1000"表示数目，是数词结构；例（3B）中的"在……前面"表示次序，不是数词。

由此看出，数词和数目或次序并不完全一致，数词是语言学概念，数目或次序是一般概念。

最后提一下，与"数目"含义相同的概念还有"数值"和"数量"，试比较《现代汉语词典》中的释义：

【数目】通过单位表现出来的事物的多少。

【数量】事物数目的多少。

【数值】一个量用数目表示出来的多少，叫作这个量的数值。

给数词下定义或释义时，一般用的是"数目"。不使用"数量"可能是因为其中的"量"易理解成量词，而有文献（郭锐，2002）将"数量词"看作是词类的一种，不过胡附（1984）使用"数量"一词解释基数词（基数词表示数量的多少）。刘月华、潘文娱、故桦（2001）认为基数指数值，即数目的多少。

1.3 数词的判定

数词是汉语词类的一种，汉语词类主要依据语法功能划分，即看它主要充当什么句法成分，常跟哪些词语组合。数词的判定也应根据语法功能，一般认为，数词置于量词前表示数目或次序，如：

（4）去了<u>五</u>次。

（5）这个故事有许多个版本。

（6）现在是几点？

"五""许多""几"都置于量词前，因而它们是数词。如果是位数词，则前面一般要有系数词（除非是较固定的说法），然后再接量词，试比较：

（7）a. *去了百次、去了三百次①

　　　b. 千年古树、?千年的古树、一千年的古树

再看一些例子：

（8）咱们好些年没见了。

（9）书读了若干本。

（10）这本书你读了几遍？

（11）一个学生要学多个学科的内容。

"好些""若干""几""多"都置于量词前，因而它们也是数词。"好些""许多"等可以直接置于名词前，如：

（12）这个故事有许多版本。

（13）这种花有好多品种。

有的文献将"许多""好多""若干"看作数量词（郭锐，2002）。

朱德熙（1982）将"来""多""好几"看作概数词，它们放在复合数词和量词之间表示概数，系数词也可以放在这个位置，试比较：

（14）a. 二十来个、二十五个

　　　b. 五十多本、五十一本

　　　c. 三十好几个、三十七个

由此可见，"来""多""好几"和系数词性质相近。笔者认为，"好几""多"确实可以看作数词，它们可以不依赖前面的数词结构，直接接量词，如：

（15）a. 好几个

　　　b. 多年未见

但"来"不能脱离前面的数词结构而直接接量词，试比较：

---

① 例句或词语前的"*"表示该例句或词语不说，"?"表示该例句或词语是否可说有不同看法，"#"表示该例句或词语在其他语境中可以说。

（16）三十来个人、#来个人

因此，笔者认为"来"不是概数词（自然也不是数词），它可以看作表示概数的助词（黄伯荣、廖序东，2017）。

有时可以用天干"甲、乙、丙、丁……"、地支"子、丑、寅、卯……"或拉丁字母"A、B、C、D……""a、b、c、d……"表示序数，如：

（17）a. 他分在甲组

b. 子集

c. 他属于 E 组

d. 他选 a 项

天干、地支和拉丁字母表示序数时，可以置于量词前，因而也可以看作数词（序数词），不过与典型的数词"一""第九""几"等相比，它们是不典型的数词，它们使用的领域有限，一般只用于分类或分项，使用频率也不高。

1.4 数词与数字

数字是表示数目的文字，主要包括汉字数字和阿拉伯数字。汉字数字有"一、二、三、四、五、六、七、八、九、十"（小写形式）、"壹、贰、叁、肆、伍、陆、柒、捌、玖、拾"（大写形式）。阿拉伯数字有"1、2、3、4、5、6、7、8……"。

数词和数字的关系也是复杂的。首先，数词一般由数字记录，但数词又不限于用数字记录，如数词"许多、几、若干、好多"等不是数字。表序数的天干、地支以及拉丁字母也不是数字。其次，数字虽然主要记录数词，表示数目，但有时数目意义不明显，如"一马平川""万万不可""千万要注意""万安国（北魏大将）"等表述中的数字。

为便于称说，在本书中"一、二、三、四……"或"壹、贰、叁、肆……"，以及"1、2、3、4……"既指数字，也指它们所记录的数词。而且，在不需要区分的时候，本书用"数词"统称，引用时遵照原文献。

1.5 数词和相关表达

数词可以构成数词结构，数词和数词结构（统称为"数词语"）可以和其他词语构成与数词相关的表达，如：

（18）二十、三十五、三百二十九万

（19）五年、六十斤、十二三岁

（20）三分之一、三点八九、五倍、近三十、七十岁上下

例（18）是由数词构成的数词结构，"二十"是简单系位构造，"三十五"是系位组合，"三百二十九万"是复杂系位构造。例（19）是由数词语与量词组合构成的数量短语。例（20）是由数词语与"分之""点""倍""近""上下"等词语构成的分数表达、小数表达、倍数表达和概数表达。数量短语、分数表达、概数表达等都涉及数词，可统称为"涉数表达"，涉数表达一般是短语。

1.6 关于"复合数词"

文献中还有"复合数词"的说法（朱德熙，1982；赵世开，1999；黄伯荣、廖序东，2017），但不同文献的复合数词所指的对象不完全相同。按照朱德熙（1982），系位构造（如"二十、三千、几亿"）是复合数词。按照赵世开（1999），黄伯荣、廖序东（2017），等，"十六、六十、六百六十六"等是复合数词，而根据朱德熙（1982），"十六、六百六十六"是系位组合，它们不是复合数词。

考虑到复合数词的范围不易确定，而且数词结构可以概括相应的对象，本书使用"数词结构"，而不使用"复合数词"这一说法，但在引用时遵照原文献。

2. 数词有哪些类别？

2.1 数词分类概况

有很多文献或教材给数词分类，但分类的结果很不一致，常见的分类有（刘苹，2013）：

ⅰ. 朱德熙（1982）数词分类：①系数词；②位数词；③概数词；④"好些""若干"；⑤"半"。

ⅱ. 张斌（2010）数词分类：①系数词；②位数词；③概数词。

ⅲ. 沈阳、郭锐（2014）数词分类：①系数词；②位数词；③概数词。

ⅳ. 王还（1995）数词分类：①基数；②概数；③序数。

ⅴ. 赵世开（1999）数词分类：①基数词；②序数词；③概数词（简单概数词、复合概数词）。

ⅵ. 刘月华、潘文娱、故桦（2001）数词分类：①基数词（整数、分数、小数和倍数）；②序数词。

ⅶ. 齐沪扬（2015）数词分类：①基数（系数、位数、概数）；②序数；③数量数词。

ⅷ. 黄伯荣、廖序东（2017）数词分类：①基数词；②序数词。

数词的分类大致可以分为两个系统：ⅰ～ⅲ是一类，数词大致分为系数词、位数词和概数词，系数词、位数词主要着眼于数词的语法功能，概数词主要着眼于数词表示的意义；ⅳ～ⅷ是一类，数词大致分为基数词、序数词，主要着眼于数词表达的意义。由此可以看出，数词的分类很复杂。

2.2 数词分类要注意的问题

笔者认为，对数词进行分类时，要注意以下几个问题：

第一，要将数词和数词结构、涉数表达分开。倍数表达（如"五倍"）、分数表达（如"三分之一"）、小数表达（如"三点一四"）、概数表达（如"十五六""三四十"），以及有些文献所说的复合数词（如"三百四十""五万零八十六"）都不宜看作数词。

第二，要将数词的意义分类和语法分类分开。概数、确数、基数、整数、序数等概念是意义分类术语，概数词、确数词、基数词、序数词等概念是语法分类术语。因此，虽然概数词表示概数，但表示概数的不一定是概数词；同样，基数词表示数目多少，但表示数目多少的不一定是基数词。如"三五百"虽然表示概数，但它不是概数词。"四万五千九百六十"表示确数，但它不是确数词。

此外，虽然有些表达可以置于位数词前，但它们不是系数词，如"四万五千九百六十亿"中，"四万五千九百六十"不是系数词（可以看作系数部分）。

第三，数词分类术语有的侧重于意义，有的侧重于语法功能，如概数词（表示概数的词）、基数词（表示数目多少的词）等主要侧重于意义；而系数词、位数词主要侧重于语法功能（虽然也有意义区别），两者是相对的。

第四，现有数词分类的角度很多，数词分类所使用的术语也很多，许多数词分类术语之间并不是对立的，而是有交叉的，如系数词可能是概数词、序数词或基数词。如"几"既可以是概数词（表示概数的词，如"来了<u>几</u>个人"），也可以是基数词（表示数目多少，虽然具体的数目不确定），还可以是序数词（表示先后顺序或次序的词，如"排第<u>几</u>""他在<u>几</u>层"），而且可以是系数词（置于位数词前后的词，如"<u>几</u>百""十<u>几</u>"）。

2.3 汉语数词的分类系统

数词可以从不同角度进行分类，不同的分类之间没有明显的优劣之分。数词分类时主要要考虑涵盖的类别是否足够多，类别之间是否是对立的。此外，简明性和实用性也是要考虑的因素。

笔者认为，可以先根据数词表示的意义将数词分成基数词（表示数目多少的词）、序数词（表示先后顺序的词）和特殊数词。基数词再根据其表示的意义分为确数词（表示数目确定的词）和概数词（表示数目不确定的词），确数词再根据语法功能分为系数词（可以出现在位数词前的词）和位数词（表示位数的词），详见图 2-1。

```
        ┌ 基数词 ┌ 确数词 ┌ 系数词：一、二、四、五、六、八、九、两、几、多少……
        │        │        └ 位数词：十、百、千、万、亿、万万、兆……
        │        └ 概数词：两、几、多少、许多、若干、好多……
数词 ┤
        │ 序数词：（第）一、（第）二、（第）三、（第）四、（第）五、（第）六、（第）七、
        │         （第）八、（第）九、（第）几、甲、乙……、子、丑……、a、b……
        └ 特殊数词：零、半、廿、卅……
```

图 2-1　汉语数词分类系统（一）

当然，根据是否表确数，也可以做如下分类，详见图 2-2。

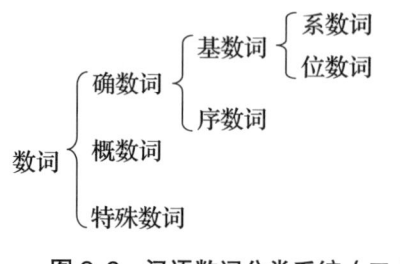

图 2-2　汉语数词分类系统（二）

分类不是目的，分类是为了揭示各数词类别的地位和特点。此外，同一类的不同数词之间也可能存在差别，有些是典型的，有些是不典型的。而且不同类别划分的角度不同，会出现交叉现象[①]。

2.4　由数词构成的各类表达

前文指出，不少文献或教材将数词结构（如"三十五"）、分数（如"四分之三""百分之二十"）、小数（如"三点七六"）、倍数（如"八倍"）等看作数词（刘月华、潘文娱、故铧，2001），也有不少文献将分数、倍数、小数等看作短语（黄伯荣、廖序东，2017；郭锐，2002；胡附，1984）。

本书将一些文献所说的复合数词看作数词结构，将分数、小数、倍数等看作涉数表达。从意义角度看，数词结构主要表整数，整数可以与分数、小数等并列。数词结构或涉数表达的功能并不完全相同，有些数词结构和小数表达可以充当其他数词结构的系数部分，如"三百六十一万""三点五亿"。此外，数词结构可像朱德熙（1982）指出的那样，分为系位构造、系位组合和复杂系位构造，"三十一"可以看作系位组合，"一"后面的位数词是有位无数的个位，"十一"也是系位组合，"十"前省略了系数词"一"。

[①]　此外，有些类别如"整数"不在分类系统中，主要因为它既可以是数词（如"五""九"），也可以是数词结构（如"五十六""九十六万七千"）。

3. 什么是基数词？

基数词表示数目的多少。基数词可以分为确数词和概数词，确数词再分为系数词和位数词。确数词和概数词是从意义角度划分的类，系数词和位数词是从语法功能角度划分的类。

3.1 系数词

系数词可以置于位数词前，如"<u>三</u>十""<u>五</u>万""<u>九</u>亿"中的"三""五""九"，但置于位数词前的不一定是系数词，如"<u>三百六十</u>万"，其中的"三百六十"是数词结构。

系数词主要有"一、二、三、四、五、六、七、八、九"（汉字数字小写形式）、"壹、贰、叁、肆、伍、陆、柒、捌、玖"（汉字数字大写形式）、"1、2、3、4、5、6、7、8、9"（阿拉伯数字形式）。

"两""几""多少"可以置于位数词前，如"<u>两</u>百""<u>几</u>十""<u>多少</u>万"，因而也可以看作系数词。

系数词可以直接置于量词前，如"三个""九次"；系数词用于计算时也可以单说、单用，如"二乘二得四"。

除"两"以外，系数词一般可以直接表示序数，而且一般可以加前缀"第-"表示序数（"多少"前不能加"第-"）。

3.2 位数词

位数词置于系数词后，主要有"十、百、千、万、亿、兆"等；位数词也可以置于数词结构后，如"五百<u>万</u>""七千八百二十一<u>亿</u>"。

汉语有一个有位无数的位数词，有的文献写作"个"（刘月华、潘文娱、故铧，2001；张永伟，2017），所以"一、二……九"也可以看作由系数词和位数词"个"组成的简单系位构造。

现代汉语还有一些表示大位的位数词，如"兆"，古代汉语中还有"京、垓、秭、穰"等位数词，这些位数词很少使用，本书不探讨。

除"十"以外，位数词一般不单说或单用，它们前面要出现系数词或数词结构。如果位数词后面接量词或名词，则一般是比较固定的说法，位数词的意义一般不易确定，如《百家姓》收录了四百多个姓氏。有的固定说法中的位数词已不表示具体的数目，只是表示数量多，如"千篇一律""千人千面""万人空巷"等。

最后提一下，"0""〇""零"不能置于位数词前，也不能置于系数词后[①]，因而不宜看作系数词或位数词，笔者将它们看作特殊的数词。

3.3 概数词

概数词是表示不确定数目的数词，如"许多、好多、若干、几、数、多"，它们一般可以直接置于量词或名词前。

不同概数词的用法并不完全一致，如"几"一般要接量词，书面色彩较浓的场合才直接接名词；"好多"既可以后接量词后再接名词，也可以直接接名词。"许多"可以重叠，可以做定语，而且定语和中心语之间还可以加"的"。此外，"许多"还可以做一般动词的宾语。所以《现代汉语八百词》认为有些"许多"用如名词。

值得注意的是，虽然基数词可以分为系数词、位数词和概数词，有些词可以属于多种类别，如"几"和"多少"可以置于位数词前，如"几百""多少万"，因而是系数词；同时，它们表示的数目不确定，因而又是概数词。

4. 什么是系数词？

系数词可以置于位数词前，常用的系数词有"一、二、三、四、五、六、七、八、九、两、几、好几、多少、数"等。

[①] "10""20"或"（一九）四〇"中的"0"或"〇"不宜看作置于系数词后，因为"10"并不等于"1"，"四〇"也不等于"四"。这些表达中的"0"或"〇"起补位作用。

4.1 典型的系数词

"一、二……九"可以后接各个位数词,包括有位无数的个位(即单说),如:

(1) a. (一)十、一百、一千、一万、一亿、五十一

 b. 六十、六百、六千、六万、六亿、五十六

它们是典型的系数词。"一"置于位数词"十"前时,一般省略。

4.2 非典型的系数词

4.2.1 两

"两"和"二"表示的数目一样,但"两"与典型的系数词功能不完全一样,试比较:

(2) a. ?两、*两十、两百、两千、两万、两亿、#五十两

 b. 三、三十、三百、三千、三万、三亿、五十三

"两"后可以接"百""千""万""亿"等位数词,因而也可以看作系数词,但由于"两"后不能接位数词"十",也不能接有位无数的个位(即单说),因而不像"一、二……九"那么典型。

4.2.2 几、好几、多少、数

下面看"几""好几""多少""数"的情况,如:

(3) a. ?几、几十、几百、几千、几万、几亿、五十几

 b. ?好几、好几十、好几百、好几千、好几万、好几亿、五十好几

 c. #多少、*多少十、多少百、多少千、多少万、多少亿、#二十多少

 d. *数、数十、数百、数千、数万、数亿、*二十数

由此看出,"几"和"好几"一般不置于有位无数的个位前,但可以置于其他位数词前。"多少"一般不能置于位数词"十"和个位前,但可以置于其他位数词前。"数"不能置于位数词"十"和个位前,但可以置于其他位数词前。这些数词都可以看作系数词,虽然它们不如"一、二、三……九"那么典型。

4.3 不是系数词的数词

4.3.1 "许多、若干、多"不是系数词

下面看"许多、若干、多"与系数词"三"的比较：

（4）a. 三、三十、三百、三千、三万、三亿、十三
　　　b. 许多、*许多十、*许多百、*许多千、许多万、许多亿、*八十许多
　　　c. 若干、*若干十、*若干百、*若干千、若干万、若干亿、*八十若干
　　　d. #多、*多十、*多百、*多千、*多万、*多亿、八十多

"许多""若干"一般只出现在位数词"万、亿"后，而"多"后不能出现位数词。"多"可以充当系位组合的末项（位数是个位），但"许多""若干"不能。可见它们与典型系数词不一样，因而这里不将"许多""若干""多"等看作系数词。

4.3.2 "十"不是系数词

不少文献认为"十"既是位数词，又是系数词（朱德熙，1982；王希杰，1990；刘月华、潘文娱、故韡，2001；张斌，2010）。虽然"十"可置于位数词"万""亿"前，构成"十万""十亿"，但笔者认为，其中的"十"仍是位数词，其系数词是省略了的"一"，完整的说法应是"一十万""一十亿"，它们与"三十万""六十亿"具有平行性，因而"十万""十亿"中的"十"都是位数词。

4.3.3 "零""半""廿"和"卅"不是系数词

也有一些文献将"零""〇""0"看作系数词（刘月华、潘文娱、故韡，2001；齐沪扬，2005），由于"零"不能出现在位数词前，如没有"零十""零百""零千""零万""零亿""七十零"等说法，所以这里不将"零"看作系数词。同时，它也不是概数词或位数词，本书将之看作特殊数词。"零"主要在不连续的系位组合中起补位的作用，如在"三万零七亿"中，"零"补了系位组合"X千Y百Z十"。

也有文献将"半"看作系数词（齐沪扬，2005），虽然"半"可置于位数词

"百"前，但"半百"相当于固定说法，主要用于成语"年过半百"，"半"不能置于其他位数词前，如没有"半十""半千""半万""半亿""五十半"等说法，因而不宜将"半"看作系数词。"半"既不是位数词（虽然有"一半""两半"的说法，但"半"并不是位数词，而是量词），也不是概数词，本书将之看作特殊数词。朱德熙（1982）将"半"独立，与系数词、位数词并列。

有文献将"廿""卅"看作系数词（齐沪扬，2005），"廿"指"二十"，"卅"指"三十"，它们不能置于位数词前，如没有"廿百""廿千""廿万""廿亿""五十廿"和"卅百""卅千""卅万""卅亿""五十卅"等说法，因而不宜将"廿""卅"看作系数词。"廿""卅"也不是位数词或概数词。此外，"廿""卅"主要用于一些固定说法，如旧历计时（旧历正月廿一）、运动名（五卅运动）等。笔者将之看作特殊数词，它们是以单字形式表示系位结构的意义。

总之，笔者认为，现代汉语系数词是相对于位数词而言的，主要有"一、二、三、四、五、六、七、八、九、两、几、好几、多少"等。

4.4　系数词与系数部分

现代汉语中，系数词可以和位数词组合构成简单系位构造，系数词位于系数部分，位数词位于位数部分。值得注意的是，系数部分还可以是各种数词结构，如"两百万"的系数部分是简单系位构造"两百"，"三千六百七十二万亿"的系数部分是复杂系位构造"三千六百七十二万"，"三千六百七十二万"的系数部分是系位组合"三千六百七十二"。

5. 什么是位数词？

5.1　常见位数词

位数词表示位数，一般位于系数词后。

"十、百、千、万、万万、亿"等分别表示十位、百位、千位、万位、万万位、亿位，它们既表示位，又是该位的数词，如"六百"中的"百"表示百位，同时"百"也是该位的数词（位数词）。

有的文献还提到个位，它只表示位，该位没有数词，可以表示为"（个）"（张永伟，2017），如单说"六"时，我们一般说"六"，不说"六个"。但教人数数时，我们常由低到高说成"个位、十位、百位……"，由此可见，确实存在个位。据此，单说单用的"一、二、三……九"也是数词结构，它们是简单系位构造，它们的系数词分别为"一、二、三……九"，位是个位，没有数词。不过，我们一般不将它们看作数词结构，而将它们看作数词。

5.2 位数词的功能

位数词最主要的功能是和系数词构成简单系位构造（如"三百""七亿"），位数词也可以和数词结构构成复杂系位构造（如"三百五十六万""十九亿"）。

位数词一般不单说单用，"十"似乎是个例外，如可以说"十年""十个"，不过，其中的"十"仍是位数词，只不过前面省略了系数词"一"。

5.3 大位数词和小位数词

位数词"（个）、十、百、千、万、万万或亿"可以分为两类："（个）、十、百、千"是一类，可以看作小位数词；"万、万万或亿"是一类，可以看作大位数词。小位数词之间是十进制，逢十进位，或者说，后一个位数词是前一个位数词的十倍，如十个个位就是十位，十个十位就是百位，十个百位是千位，十个千位是万位。而大位数词之间一般是万进制，如一万个万位是万万位或亿位。

此外，小位数词构成的数词结构不能充当另一个小位数词的系数部分，但它们可以充当大位数词的系数部分，试比较：

（1）a. *<u>（一）十百</u>、*<u>三十百</u>；*<u>（一）十千</u>、*<u>两百千</u>；*<u>（一）百千</u>、*<u>两百零三千</u>

　　b. <u>（一）十万</u>、<u>三十万</u>；<u>百万</u>、<u>六百万</u>；<u>千万</u>、<u>三千六百零五万</u>

　　c. <u>（一）十亿</u>；<u>十四亿</u>；<u>百亿</u>、<u>六百一十亿</u>；<u>千亿</u>、<u>三千零五亿</u>；<u>万亿</u>、

六十万亿

此外，较小的大位数词（万）构成的数词结构可以充当较大的大位数词（亿）的系数部分，如可以说"六万亿"。

5.4 "十万""百万""千万""万亿"不是位数词

"十万""百万""千万""万亿"不是两个位数词的组合，而是一个复杂的系位构造，即位数词是"万"或"亿"，系数部分分别为"（一）十""（一）百""（一）千""（一）万"。"（一）十""（一）万"等是简单系位构造。也就是说"十万""万亿"等中的两个位数词属于不同层次，如"十万"的层次是"[（一）十］万"。同样，"六千万"的层次为"[六千］万"，而不是"六[千万]"。再复杂一点儿，"六百五十万亿"的层次也应为"[[六百五十］万］亿"，而不是"[六百五十］万亿"。

有的文献将"十万""百万"和"千万"看作位数词（刘月华、潘文娱、故韡，2001），这样的处理在教学上可能有一定的便利性，如可将"六十万"看作简单系位构造（"六"是系数词，"十万"是位数词）。但这种处理在系统性上不太合理，一方面，"十万"可以扩展成"十一万"，"千万"可以扩展成"一千零五万"，如果将"十万""千万"等看作位数词，则否定了"十一万"和"十万"中"万"的一致性。另一方面，"十万""百万"等与"十""万"等典型位数词存在很大差异，试比较：

（2）a. 五<u>万</u>、五十<u>万</u>、五十一<u>万</u>
　　　b. 五<u>千万</u>、*五十<u>千万</u>、*五十一<u>千万</u>

"十万""千万"等前面的系数部分不能出现数词结构；而"万"前既可以出现系数词，也可以出现数词结构。

5.5 "万万"是位数词

虽然"十万""千万"等不是位数词，"万万"却应看作位数词，"五万万"的层次应为"[五］万万"，而不是"[五万］万"，因而"五万万"是简单系位构造，"五"是系数部分，"万万"是位数部分。如果划分为"[五万］万"，则系数部分最高位数词（万）和位数部分位数词（万）一样，这显然是不合理的，合理的构造是系数部分最高位数词应小于位数部分位数词，如"七百万""一千万""两万亿"等。

"万万"和"亿"表示的位数数目一样，现在一般用"亿"，而较少用"万万"，如在"语料库在线"① 中，"亿"出现 1476 次，"万万"出现 77 次（排除不是位数词的用例），前者显然高于后者。本书主要探讨"亿"。

5.6 文献中的大位数词

文献中提到的位数词还有"兆、京、垓、秭、穰、沟、涧、正、载"等，它们都是大位数词，进位体系有下数、中数、上数等，如中数是万进制，万兆是"京"，万秭是"穰"。由于这些位数词不常用，进位体系不一致，而且与国际上的千进制不同（刘群，2013），这里不再介绍。

5.7 "万""亿"的习得概况与教学建议

"万"和"亿"是现代汉语中的大位数词，许多语言没有相对应的位数词，下面重点看它们（以及由它们构成的短语）的习得情况。

先看"万"，在HSK动态作文语料库② 中，位数词"万"有53例③：正确用例有 48 例，占 90.6%；不正确用例有 5 例，占 9.4%。由此看出，留学生基本能正确使用"万"。现将不正确的用例全部列举如下：

（3）*可以说话、唱歌、问问<u>万</u>多个问题的时候。（日本）④

（4）*大家心里有<u>万</u>个不愿意。（新加坡）

（5）*反而向银行贷下一笔<u>十千元</u>的款项。（马来西亚）

（6）*简直会说<u>一种万病痛治药</u>。（韩国）

---

① "语料库在线"又称"国家语委现代汉语平衡语料库"，是本书汉语本族语相关现象统计和取例的主要来源，除非特别说明，书中所说的"语料库"均指"语料库在线"。
② "HSK动态作文语料库"是本书留学生汉语中介语相关现象统计和取例的主要来源，除非特别说明，本书留学生作文用例即取自该语料库。
③ 不包括"千万"等组合（如"上千万"），但包括"一千万"。
④ 本书直接采用HSK动态作文语料库中的原始例句，未做任何改动，文字、语法、标点等错误均保持原貌。例句后括注的国家名，表示该例句取自该国留学生作文。

（7）*为公司带来每年将近于<u>四、五万元</u>的<u>盈利</u>。（新加坡）

例（3）、例（4）"万"前应加数词"一"，"万"是位数词，一般不单用。例（5）"十千"应是"万"，汉语没有"十千"的说法。例（6）应是"一万种"，量词应在位数词后。例（7）严格意义上不是"万"的问题，而是概数表达的问题，相邻数字连用表概数中间不加标点符号。

下面看"亿"，HSK 动态作文语料库中，位数词"亿"有 57 例。其中使用正确的有 49 例，占 86.0%；使用不正确的有 8 例，占 14.0%。由此看出，留学生大多能正确使用"亿"。现将"亿"使用不正确的用例全部列举如下：

（8）*因为这世界上还有<u>亿</u>人因缺少粮食而挨饿。（韩国）

（9）*还有现在世界上有<u>亿</u>人因缺少粮食而挨饿的问是呢。（韩国）

（10）*那世界上还<u>亿</u>人因缺食而挨饿。（印度尼西亚）

（11）*而且地球上的人口一定会得到<u>百亿</u>。（日本）

（12）*在地球有 50 <u>亿多</u>的人。（韩国）

（13）*快达到<u>一亿五千</u>多。（韩国）

（14）*还有<u>几个亿</u>因缺少粮食而挨饿的间题跟化肥的间题不是那么大的关系。（韩国）

（15）*为了从危险中保护这<u>六十忆</u>人口，牺牲几亿人口是不可避免的。（韩国）

例（8）～（11）中，位数词前未出现系数词，可以添加"一"。例（12）应改为"50 多亿"。例（13）"亿"后应添加"零"，因为"亿"和"千"不是相邻的位数词。例（14）应将"个"删去，虽然有"几个亿"的说法（"亿"可以看作名词），但一般"亿"是位数词。例（15）"亿"错写成"忆"了。

由上面的分析可知，留学生作文中，"万"使用的正确率高于"亿"，因为"亿"涉及的问题更复杂。两者的错误用法中也有相同之处，最明显的就是"万"和"亿"前未出现系数词（系数词可以看作"一"）。教学中，教师要提醒学生"万"和"亿"都是位数词，单独使用时一般要前加系数词。除此之外，教师还要提醒学生注意概数助词或量词的位置，它们一般在位数词后，如果两个位数词相连，一般出现在第一个位数词后。

6. 什么是概数词？

6.1 以往研究

不少文献的数词分类系统中，都有"概数词"这一类别，择要概括如下：

ⅰ．朱德熙（1982）数词分类：①系数词；②位数词；③概数词（如"来、多、好几"）；④好些、若干；⑤半。

ⅱ．赵世开（1999）数词分类：①基数词；②序数词；③概数词［简单概数词（如"两、几、数、若干"）、复合概数词（a. 相近数词连用；b. 数词前加"成、上、小、约、近"等字；c. 数词后加"把、多、来、左右"等字）］。

ⅲ．齐沪扬（2005）数词分类：①基数［系数；位数；概数（如"两、几、多、多少、许多、若干"）；小数、分数；倍数］；②序数；③数量数词。

ⅳ．张斌（2010）数词分类：①系数词；②位数词；③概数词（如"两、几、数、多少、若干、许多"）。

ⅴ．沈阳、郭锐（2014）数词分类：①系数词；②位数词；③概数词（如"几、许多、若干"）。

由上可知，大多数文献都是概数词和系数词、位数词并列，而且概数词的范围比较一致，"两、几、好几、多少、若干、许多"等是典型的概数词。

比较特殊的是赵世开（1999）的数词分类，作者将概数词分为简单概数词和复合概数词，又将复合概数词分为三类。

6.2 关于"复合概数词"

根据赵世开（1999）的分类，以下都是复合概数词：

（1）[?]两三、[?]成千、[?]近五百、三万多、三百五十左右

"两三"是相近数词连用，"成千""近五百"是数词语前加"成"或"近"，

"三万多""三百五十左右"是数词语后加"多"或"左右"。它们和简单概数词不同，它们内部性质很不一样，像"两三""成千""近五百"等一般不单说单用，它们后面一般要跟量词或名词（如"两三年""近五百元"），或构成固定结构（如"成千上万"），它们不像词。而"三万多"等可以扩展，如可以扩展成"三万六千四百二十多"，它们更像短语。因而将它们都看作复合概数词不甚妥当，本书将"两三""近五百"等连同后面的量词或名词、"成千上万"以及"三万多""三百五十左右"等可以独立的各种表达一起看作概数表达。

6.3 "来"不宜看作概数词

朱德熙（1982）将"来、多、好几"看作概数词，因为它们可以放在复合数词和量词之间表概数，如"二十来个"，系数词也能放在这个位置，如"二十五个"，概数词和系数词性质相近。笔者认为不宜将"来"看作概数词，因为单个的"来"后面不能接量词，只有"来"前出现数词结构时，其后才可接量词，试比较：

（2）a. 多个、好几斤

　　b. *来个、*来斤

　　c. 五十来个、四万三千来斤、五百六十来次

下列层次划分，只有（3a）才是合理的：

（3）a. [[四万三千]来]斤、[[五百六十]来]次

　　b. *[四万三千]来斤、*[五百六十]来次

即"来"是先和前面的数词结构结合，然后再与量词结合，"来"和后面的量词不属于同一个层次，"来"后面不能接量词，因而不是数词，自然也就不是概数词。

不过，虽然"来"不是数词，但它和概数表达密切相关，如"五十斤"是确数，"五十来斤"是概数，因而可将"来"看作表概数的助词（概数助词）（黄伯荣、廖序东，2017）。

6.4 概数词的内部差异

概数词内部也存在差异，试比较：

（4）a. 几十、几百、几千、几万、几亿、二十几

　　b. 好几十、好几百、好几千、好几万、好几亿、三十好几

　　c. 数十、数百、数千、数万、数亿、*二十数

　　d. *多少十、多少百、多少千、多少万、多少亿、*二十多少

（5）a. *好些十、*好些百、*好些千、*好些万、*好些亿、*二十好些

　　b. *多十、*多百、*多千、*多万、*多亿、二十多

　　c. *许多十、*许多百、*许多千、许多万、许多亿、*二十许多

　　d. *若干十、*若干百、*若干千、若干万、若干亿、*二十若干

　　e. *好多十、*好多百、*好多千、好多万、?好多亿、*二十好多

由此看出，"几""好几""数""多少"后可接位数词，而"好些""多""许多""若干""好多"后一般不接位数词，或者只接位数词"万""亿"。

而且，即使"几""好几""数""多少"都可以接位数词，但表现也不一样。由例（4）可知，"几"和"好几"后面可接各类位数词；"数"后面也可接各类位数词，但不能做系位组合的末项；而"多少"后不跟位数词"十"，同时也不能做系位组合的末项。

此外，概数词后接量词、名词的情况也存在差异，试比较：

（6）a. 若干问题、多少问题、许多问题、好些问题、好多问题

　　b. 若干个问题、多少个问题、许多个问题、好些个问题、好多个问题

（7）a. *几问题、*好几问题、*两问题

　　b. 几个问题、好几个问题、两个问题

由此可知，"几、好几、两"等一般要先接量词再接名词，而"多少、若干、许多、好些、好多"等可以不接量词而直接接名词。

6.5 概数词与概数

概数词表示概数，但概数并不一定由概数词表达，概数词和概数属于不同的

范畴，两者相关，但并不等同（王希杰，1990；胡附，1984；刘苹，2013）。

概数词属于语法范畴，是可以跟量词结合表不确定数目的词，而概数属于数学或科学范畴，是大概的数目[①]，与确数相对。整数、分数、小数、倍数、序数等都是确数，都与概数相对。

概数由概数词表达，但概数不限于由概数词表达，汉语中有许多表示概数的方法：

（1）邻近数字连用，如"三四（年）""三五（个）""八九（次）""百儿八十""千儿八百""万儿八千"等。

（2）数词或数词结构后加"来、把、多、左右、上下、前后、以上、之上、以内、之内、以外、之外、以下、之下"等词语，如"十来（个）""800（米）以内"等。

（3）数词或数词结构前加"成、近、上、约、小"等词语，如"成千""上万""约五十（斤）"等。

这些表达有的能单说单用，如"五十上下""八十多"；有的不能，如"三四""八十来"，一般要接量词，如"三四个""八十来斤"。本书将"三十多（斤）""八十来斤"等统称为概数表达，关于这些概数表达的用法及区别，后文还将具体探讨。

7. 什么是序数词？

7.1 序数词的含义

序数词是表示次序的数词。按照《现代汉语词典》，次序是指"事物在空间或时间上排列的先后"，序数词可以表示空间先后，也可以表示时间先后，如：

（1）现在是星期五上午九点，他在三楼学第七课课文。

[①] 参见《现代汉语词典》等。

"星期五""九点"中的"五""九"跟时间先后有关,"三楼""第七"中的"三""七"跟空间先后有关。当然有些序数词既跟时间先后有关,也跟空间先后有关,如:

(2)今天的接力赛,小王跑第三棒,小李跑第四棒。

其中,"三""四"既指站位的前后(空间),也指跑的先后顺序(时间)。

先后次序意味着至少存在两个成员,因而序数词之间存在聚合关系,序数词是一个聚合群或聚合体。从理论上说,聚合群中的成员可以无限多。这与基数词不同,基数词可以只有一个成员。

7.2 常见的序数词类型

7.2.1 系数词

"一、二、三……九"等一般表示数目,可以置于量词或位数词前,如"三百""六斤""九次",它们为系数词;它们也可以表示次序,可以看作序数词,如:

(3)他住三楼。

(4)现在是九点过五分。

(5)今天是星期四。

(6)卷二

正因为有些系数词既可以表示数目,也可以表示次序,单独看可能会有歧义。

7.2.2 第X

前缀"第-"后可以跟数词,也可以跟数词结构,但有限制,如:

(7) a. 第一、第九

　　 b. 第二、*第两

　　 c. 第十、*第百、*第千、*第万、*第亿

　　 d. 第二十、第五百六十一、第三十七万

　　 e. *第四五名、*第十七八位

　　 f. *第二分之一节、*第六倍

"第-"后可以跟系数词,见例(7a)。"第-"后可以跟系数词"二",但不能跟表相同数目的"两",见例(7b)。"第-"后可以跟"十",不能跟"百""千""万""亿"等位数词,见例(7c)。由此看出,"第十"中的"十"是省略了系数部分"一"的简单系位构造。除数词外,"第-"后还可以跟各种数词结构,见例(7d)。"第-"后只能跟表确数的词语,而且是整数,不能跟表概数、分数、小数、倍数等的词语,见例(7e)、例(7f)。从理论上说,"第-"后可以跟的表整数的数词语,数目上没有限制。

由于"第-"是前缀,因而,不管"第-"后是数词还是数词结构,"第 X"都是附加式合成词,而不是数词结构,即使如"第[三千六百零七万亿八千三百二十一万六千零二十九]"这样复杂的形式,也宜看作序数词。

"第 X"可用于表示各种现象的序数,如"第五名""第三千七百本""第九千零二十三万册"。

7.2.3 借用式序数词

主要有:

第一,借用天干、地支,如:

(8)甲楼、丁栋;庚子年、子时

第二,借用英文字母,如:

(9)A卷、d项

第三,借用罗马数字,如:

(10)Ⅰ组、Ⅱ类;ⅰ组、ⅵ类

由于天干地支、英文字母和罗马数字后面可接量词,它们可以看作序数词。

7.3 序数词的用法

序数词可以单说单用,也可以和一些词缀构成合成词,还可以和一些词语组合构成短语。

7.3.1 单说单用

序数词可以单用，如数数时，可以说"一、二、三……"，或者"第一、第二、第三……"，或者"A、B、C……"，或者对页码、卷册、章节、类别、图表、例句等进行标注，如：

（11）一、开会，二、报告，三、讨论，四、结论，五、散会（胡附，1984）
（12）不过有几种特殊情形，需要加以辨析。(1)…… (2)…… (3)……
（13）典型的"把"字句主要有以下语义特征：Ⅰ.…… Ⅱ.…… Ⅲ.……

7.3.2 构成合成词

基数词加前缀"初-""老-"构成附加式合成词。

（一）初 X

前缀"初-"可用于"一、二、三……九、十"这十个基数词，不能用于数目大于"十"的数词结构，也不能用于表概数、倍数、分数、小数等的词语。"第 X"和借用式序数词也不能用于"初-"后。"初 X"主要用于旧历纪日。

"初一、初二……初九"中的数词都是系数词，"初十"可说，这是否意味着其中的"十"是系数词呢？这里我们仍将"十"看作位数词，其前系数词"一"省略了。一方面，"初一、初二……初十"刚好十个数字，汉语的"十"代表全、满，汉族人对"十"有偏爱；另一方面，"初-"后的数词都是单音节的（虽然"十"是指"一十"，但"一"省略），如果是多音节，则不能说。

（二）老 X

前缀"老-"可以用于"二、三……"前，主要用于亲属排行。"老 X"中的"X"一般是基数词，以及少量数目较小的简单系位构造（位数限于"十"），如 CCL 现代汉语语料库中只检索到"老十""老十二""老十四""老十五"，如：

（14）从老大到老十四，中间故去了两个，还有十二个人。
（15）老十也没好结果，老十因为跟皇八子比较好，雍正也折磨他。

"第-、初-、老-"虽然都是前缀，但"第 X""初 X""老 X"的句法功能不完全一样，"第 X"后面可以接各类量词，而"初 X""老 X"后不能接量词，试比较：

（16）a. 第一天、第二天、第十天

　　　b. *初一天、*初二天、*初十天

（17）a. 第二个、第三个、第九个

　　　b. *老二个、*老三个、*老九个

从这个角度看，"第 X"是数词（序数词），而"初 X"和"老 X"是名词。

7.3.3　与其他词组成短语

序数词（主要是系数词）常出现在其他词语（主要是名词、量词）前后构成各种短语。

第一，序数词在前的主要有下面几种情况：

（18）ⅰ. 时间：<u>三</u>点过<u>五</u>分

　　　ⅱ. 亲属排行：<u>二</u>哥、<u>三</u>哥、<u>五</u>哥……；<u>二</u>姨、<u>四</u>姨……；<u>二</u>伯、<u>三</u>伯、<u>四</u>伯……

　　　ⅲ. 等级：<u>一</u>等、<u>二</u>等、<u>三</u>等……

　　　ⅳ. 楼房层次：<u>一</u>层、<u>二</u>层、<u>三</u>层……

　　　ⅴ. 楼宇宿舍门牌号：怒园<u>3</u>号楼、沁园<u>4</u>室

　　　ⅵ. 公交站台：<u>3</u>路公交车、<u>B</u>路公交车

　　　ⅶ. 组织机构：<u>一</u>班、<u>二</u>班、<u>三</u>班……；<u>一</u>连、<u>二</u>连、<u>三</u>连……；<u>二</u>教；<u>二</u>机部

　　　ⅷ. 版次：增订<u>三</u>版

第二，序数词在后的主要有下面几种情况：

（19）ⅰ. 练习：练习<u>一</u>、练习<u>二</u>、练习<u>三</u>……

　　　ⅱ. 卷册：卷<u>一</u>、卷<u>二</u>、卷<u>三</u>……；卷<u>A</u>、卷<u>B</u>……

　　　ⅲ. 图表：表<u>1</u>、表<u>2</u>、表<u>3</u>……；图<u>1</u>、图<u>2</u>、图<u>3</u>……

　　　ⅳ. 注释：注<u>一</u>、注<u>二</u>、注<u>三</u>……

　　　ⅴ. 附录：附录<u>1</u>、附录<u>2</u>、附录<u>3</u>……

　　　ⅵ. 周次、星期：周<u>一</u>、周<u>二</u>、周<u>三</u>……；星期<u>一</u>、星期<u>二</u>……

7.4 序数与序数词

序数词表示序数,但序数不一定由序数词表示。可以表示序数的除序数词外,还有其他各种形式,这些形式这里统称为"序数表达"。

7.4.1 用数词结构表示序数

简单系位构造、系位组合和复杂系位构造都可以表示序数,如"二〇二一年十月二十八日"中的"二〇二一"和"二十八"都是系位组合,"十"可以看作简单系位构造。

7.4.2 用名词性成分表示序数

有些名词性成分可以表示序数,如:

(20) a. 冠(军)、亚(军)、季(军)

　　 b. 首先、其次、再次、最后

　　 c. 伯(孟)、仲、叔、季

　　 d. 头(等)、末(等);头(班)/首(班)、末(班)

　　 e. 元(月)/正(月)

"冠、亚、季""头、首、末""元、正"等词义显示等级、先后次序,但这些成分一般不单说,它们要和其他成分(如"军""等""月"等)结合。"首先、其次、再次、最后"也显示先后次序,它们可单说单用。它们都不能用于量词前,因而不是数词。

"头/首""末"和"元/正"往往和其他词语一起构成序列聚合,如:

(21) a. 头等、第二等、第三等……末等

　　 b. 首班、二班、三班……末班

　　 c. 元月/正月、二月、三月……十二月

7.5 序数表达的层次性

有时存在几种序数表达,各种表达形式之间往往存在层次性,如:

（22）Ⅰ．①出… Ⅱ．①教… Ⅲ．①教出版物—数字—国家标准—中国 Ⅳ．① G239.2-65

"Ⅰ、Ⅱ、Ⅲ、Ⅳ"和"①"都是序数词，罗马数字（Ⅰ、Ⅱ、Ⅲ、Ⅳ）在外层，阿拉伯数字（①）在内层。"G239.2-65"是用数词结构表序数。

此外，用不同序数词形式（汉字数字、阿拉伯数字、罗马数字……）表示序数时，可以用不同符号（如标点符号，特别是各种括号）表示次序序列的层次性，如：

（23）第四节　语义场……二、同义义场和同义词……（二）同义词的差别…… 1. 理性意义方面的差别……（2）范围的大小……

用哪种形式的数字、用什么符号表示这种层级性，应有一个统一的标准，例（23）是较通行的方案，更完整的如：

（24）一……（一）……1……（1）……①……

7.6 "第-"的习得概况及教学建议

HSK动态作文语料库中，构成序数表达的前缀"第-"的用例有5132条，笔者重点考察了前100页，共1000条，这1000条中的"第-"全部是构成序数词的前缀，其中"第-"使用不正确的有75条，占7.5%。由此看出，留学生能较好地使用由"第-"构成的序数表达。

"第-"使用不正确的主要有以下几类：

第一，序数词和名词语之间缺量词，如：

（25）*我也想父母是孩子的第一老师。（日本）

（26）*我们的第一目的就是购物。（日本）

（27）*第二方法是跟家人和朋友倾诉自己的心情和不快乐。（加拿大）

（28）*心理学里也这样说，对孩子来说在这个世界上第一看见过的人就是父母。（日本）

此类用例有25例，占不正确用例的33.3%，主要出现在日本学生作文中。

第二类，缺"第-"，如：

（29）*大部分的国家的孩子学到的一句话就是"妈妈"，然后学"爸爸"。

（日本）

（30）*他们这样开始后，二、三个星期很顺利。（日本）

如果没有"第-"，数词就表数目，而不是表次序。这类用例有4例，占5.3%。

第三类，"第-"出现在一些固定说法或专有名词中，如：

（31）*从幼儿到第六年级，那时候用注音符号，用繁体字写。（泰国）

（32）*不仅对抽烟的本人的身体有伤害，也对周围的收第二手烟的人有害。（美国）

（33）*他们生长在第二十世纪的环境中。（泰国）

（34）*第一方面是我父亲特别喜欢运动。（日本）

"六年级""二手烟""二十世纪""一方面"都是固定用法，虽然它们表次序，但不需要加"第-"。这类用例共10例，占13.3%。

第四类，"第+数词语"和"-者"组合，如：

（35）*这第二者是指在吸烟人旁边不吸烟的人。（奥地利）

（36）*第三者这间没有利益关系。（日本）

"-者"带有明显的文言色彩，一般情况下，"第+数词语"不和"-者"组合。"第三者"有特定含义。这类用例有7例，占9.3%。

第五类，误用成其他词语，如：

（37）*下一天早上，女朋友很早就起来了。（韩国）

（38）*这个初一年的流学生活……（日本）

（39）*出发时间是明天的上午。（日本）

例（37）的"下一天"应为"第二天"，韩国学生作文有4例用"下（一）天"。例（38）的"初一年"应为"第一年"。例（39）的"明天"应为"第二天"。这类用例有8例，占10.7%。

第六类，"第"写成"弟"，如：

（40）*我们十三个兄弟姐妹中，我排行弟五。（印度尼西亚）

（41）*记得小时常常给您们写信，但是长大了以后弟一次给您们写信。（韩国）

语料中，这类用例有7例，占9.3%。

第七，其他误用，如：

（42）*听到他这么说，第二个的和尚也不愿意离这里了。（日本）

（43）*我是你们的第三。（韩国）

（44）*第一个最重要的事项就子女必须孝顺长辈。（泰国）

（45）*第一；人生中一定找个爱好。（日本）

例（42）数量短语和名词语之间一般不用"的"。例（43）"第+数词"表次序，一般不直接指代人。例（44）"第一个"和"最重要"重复。例（45）用于列举的"第+数词语"后，一般用逗号，不用分号。这类不正确的例子往往没有很明显的规律。语料中，这类用例共14例，占18.7%。

由此看出，虽然大多数留学生能正确地使用"第-"，但留学生作文中"第-"使用不正确的情况比较复杂，这要引起教师们的重视。教学时教师可以强调"第+数词语"和数词一样，后面一般要加量词，同时要提醒学生一些固定用法或组合虽然涉及次序，但不宜加"第-"。

顺带提一下，HSK动态作文语料库中构成序数的前缀"初-"只有1例[①]：

（46）每逢初一、十五，镇上的人大多都要上山到庙里拜佛，祈求平安。（缅甸）

此例是正确的。还有一例将"第-"误成"初-"：

（47）*这就是准备当导游的初一步。（韩国）

"初-"用得少可能跟它主要用于中国农历纪日有关。教学时教师可以强调这一点，这也有助于避免例（47）这样的错误。

8. "二"和"两"有什么不同？

"二"和"两"都可以表示数目"2"，两者的差别许多文献都辨析过（朱德熙，1982；王还，1995；刘月华、潘文娱、故韡，2001；齐沪扬，2005），而且

---

① HSK动态作文语料库中还有5例"初一"用例，它们是"初中一年级"的简称，其中的"初"不是构成序数的前缀。

看法基本一致，区别主要在于着眼点不同，详略也有一些差异。将各种文献的观点综合起来，可以比较全面地揭示两者的异同。不过，笔者认为，以往的文献在某些方面分析得还不够详尽，在辨析角度方面也不够清晰，因而有进一步探讨的必要。

下面笔者从"二"和"两"的功能的角度进行辨析，具体分为构成数词结构或涉数表达、构成数量短语、构成固定短语、和名词语组合四个方面。

8.1 构成数词结构或涉数表达不同

8.1.1 构成系位结构

"二"和"两"都是系数词，从理论上讲，它们都可以与位数词组合，构成系位结构，但实际并非如此。

（一）与个位组合

"二"可置于个位前，"两"不可置于个位前[①]，试比较：

（1）a. 二、十二、三百零二、

　　　b. ?两、#十两、*三百零两

（二）与位数词"十"组合

"二"可以与位数词"十"组合，但"两"不能，试比较：

（2）a. 二十、三百二十

　　　b. *两十、*三百两十

（三）与位数词"百""千""万""亿"组合

"二"和"两"都可以与位数词"百""千""万""亿"组合，如：

（3）a. 二亿、二万二千二百

　　　b. 两亿、两万两千两百

但实际语料显示，系数结构"二百"的使用频率远远高于"两百"，但"二千"与"两千"、"二万"与"两万"、"二亿"与"两亿"使用频率的差异不是很大。"语料库在线"和 CCL 现代汉语语料库的检索结果，详见表 8-1。

[①] "两个"可以说，但其中的"个"是个体量词。一般所说的单说单用或数数，即是"两"与个位组合。笔者认为，实际使用中的数词都是系位结构，只是位数词不同而已，如数数或列举的"一"是由系数词"一"与个位组合而成的简单系位构造。

表 8-1 "二""两"与位数词组合比较

用例	语料库在线		CCL 现代汉语语料库	
	用例比	简化	用例比	简化
二百：两百	370：40	9.25：1	9707：1760	5.52：1
二千：两千	172：158	1.09：1	3580：4535	0.79：1
二万：两万	66：68	0.97：1	2712：3956	0.69：1
二亿：两亿	17：5	3.40：1	966：938	1.03：1

由上表可知，在"语料库在线"中，"二百"的用例是"两百"的九倍多；在 CCL 现代汉语语料库中，"二百"的用例是"两百"的五倍多。两个语料库均显示，"二百"比"两百"更常用。

8.1.2 构成概数表达

"两"可以表示概数，而"二"不可以，如：

（4）a. 过<u>两</u>天再说。

　　b. *过<u>二</u>天再说。

（5）a. 有空吗，我要跟你说<u>两</u>句话。

　　b. *有空吗，我要跟你说<u>二</u>句话。

这也跟"二"不能与一般量词搭配有关（"二"可以和一些度量词搭配），上例中的"天"是时量词，"句"是个体词，因而不能与"二"搭配。

此外，"二"和"两"都可以和"一"或"三"构成概数表达，即"一二"与"一两"、"二三"与"两三"，如：

（6）a. 有的教员每星期举行<u>一二</u>次，有的每课都有。

　　b. 但是河道水渠修好后，只试用了<u>一两</u>次。

（7）a. 每周<u>二三</u>次，极少重复。

　　b. 我不知道，大概总有<u>两三</u>次吧。

在"语料库在线"中，"一二"的用例比"一两"的多（81：16），但"两三"的用例比"二三"的多（18：7）。

8.1.3 构成序数、小数和分数表达

一般来说,"二"可以用于构成序数、小数和分数表达,而"两"不可以,试比较:

（8） i . 序数表达:第二、*第两;二叔、*两叔;二等、*两等;二年级、*两年级

ii . 小数表达:零点二、*零点两;二点三、?两点三

iii . 分数表达:二分之一、*两分之一;五分之二、*五分之两

"两"即使做小数表达的整数部分也很少见,在"语料库在线"中未找到相关用例,在 CCL 现代汉语语料库中只有 7 个用例,如:

（9）发放地方配套资金委托贷款两点八五亿元。

（10）每年约有两点六万人因触雷而伤亡。

8.2 构成数量短语不同

8.2.1 与度量衡量词搭配

度量衡量词是用于计量物体长短、容积、轻重的量词[①]。"二"和"两"都可以用于度量衡量词前,如:

（11）a.谢志高的中国画《越过六盘山》,长五米,宽二米。

b.他正在纳闷,李明在两米外却发现了那条从上面垂下来的绳子。

（12）a.钱到了手,可是毁掉了二亩地呀!

b.他们有五亩田种着稻子,两亩田种着杂粮。

（13）a.当地特大"开口笑"饽饽一个就能有二斤半。

b.比如你回家去,刚好又记起了,就给我买两斤。

（14）a.大多都是从炕席底下摸出几个平时积攒的二分五分硬币。

b.父亲花四毛钱,买了十个二踢响,又花两毛钱,给我买一挂 300 响

[①] 据《现代汉语词典》,度量衡是指"计量长短、容积、轻重的标准的统称。度是计量长短,量是计算容积,衡是计量轻重"。

的小鞭。

但不同的度量衡量词，用"二""两"的情况不完全一样，表 8-2 是在"语料库在线"中检索的结果。

表 8-2 "二""两"与度量衡量词的搭配①

量词	二	两	量词	二	两	量词	二	两	量词	二	两
尺	45	18	英寸	0	1	刀（纸张）	0	0	吨	0	9
寸	15	8	码	1	1	匹（布）	0	1	点	12	53
分（长度）	6	1	英里	0	0	斤	16	19	刻	0	0
丈	10	14	海里	0	0	两	29	0	分（时间）	5	40
里	15	8	光年	0	0	钱	5	0	秒	2	7
公尺	2	2	亩	20	2	分（重量）	0	0	块（钱）	3	28
米（突）	20	25	顷	0	1	担（米）	4	6	毛（钱）	4	5
公寸	0	0	升	4	2	平方米	0	1	分（钱）	14	4
公分	1	1	斗	8	5	立方米	0	0	镑	0	1
生的（厘米）	0	0	斛	0	0	克	1	0	小计	246	273
公里	2	2	加仑	0	1	公斤	1	5			
市尺	0	0	品特	0	0	磅	1	2			
英尺	0	0	西西（立方厘米）	0	0	英两	0	0			

由此可知，"尺""寸""里""亩""升""斗""两""分（钱）"等用"二"比用"两"更多见。"米""公斤""吨""点""分（时间）""秒"等用"两"比

---

① 这些度量衡量词引自赵元任（1979）的"标准量词"，其中，"米（突）"现在一般称为"米"。

用"二"更常见。"丈""公尺""公分""公里""斤""毛"等量词,"二""两"的用例数差不多。

王还(1995)指出,量词为过去传统的度量衡单位时,以用"二"为常,如"二尺、二里、二斤";量词为目前通用的新的度量衡单位时,多用"两",如"两米布、两吨煤、两公里路、两公斤牛肉"。刘月华、潘文娱、故𰀉(2001)也持类似观点。表8-2的数据基本支持以上观点,虽然个别词不同,如"斤""公里"这两个量词,表8-2显示"二""两"的用例数基本一致。由此看出,关于"二""两"与度量衡量词的搭配,一方面要提炼出如王还(1995)所说的基本规律,另一方面也需要对具体的一个个量词进行统计分析。

8.2.2 与非度量衡量词组合

"两"可用于几乎所有的非度量衡量词,"二"只用于少量的非度量衡量词,如"位""倍""份",试比较:

(15)a. 她们人人备有<u>两</u>个本子。

　　　b. *她们人人备有<u>二</u>个本子。

(16)a. 这位老先生每天出去散步,不多不少正好<u>两</u>次。

　　　b. *这位老先生每天出去散步,不多不少正好<u>二</u>次。

(17)a. <u>两</u>年后,他再次发表文章。

　　　b. ? <u>二</u>年后,他再次发表文章。

(18)a. 一个暖壶,<u>两</u>只碗、<u>两</u>双筷子

　　　b. *一个暖壶,<u>二</u>只碗、<u>二</u>双筷子

(19)a. 今后你们<u>二</u>位有什么事,只要我力所能及,我无不乐为帮助。

　　　b. 今后你们<u>两</u>位有什么事,只要我力所能及,我无不乐为帮助。

(20)a. 职工工资总收入比原来增加了<u>二</u>倍。

　　　b. 职工工资总收入比原来增加了<u>两</u>倍。

(21)a. 申请书一式<u>二</u>份。

　　　b. 申请书一式<u>两</u>份。

不过,"位""份"都更常用"两",如在"语料库在线"中,"两位"共有用

例 405 例，"二位"共有用例 141 例，前者是后者的近 3 倍；"两份"共有用例 23 例，"二份"共有用例 3 例，前者是后者的近 8 倍；"两倍"和"二倍"用例数接近，分别为 48 例和 51 例。

有哪些量词可同时与"二""两"搭配是值得研究的问题。

8.3 构成固定短语不同

"二"和"两"都可以构成许多词或固定短语，如《现代汉语词典》中首字为"二"的词条有：

二八、二把刀、二百五、二板市场、二部制、二重性、二传手、二次能源、二道贩子、二噁英、二房、二房东、二伏、二副、二锅头、二乎、二忽、二胡、二花脸、二话、二黄、二婚、二婚头、二进宫、二进制、二郎腿、二老、二愣子、二流、二流子、二毛、二门、二面角、二拇指、二奶、二年生、二七大罢工、二人世界、二人台、二人转、二审、二十八宿、二十四节气、二十四史、二十五史、二手、二手房、二手烟、二踢脚、二维码、二五眼、二弦、二线、二心、二氧化氮、二氧化硅、二氧化硫、二氧化碳、二一添作五、二意、二元论、二战、二致

《现代汉语词典》中首字为"两"的词条有：

两岸、两败俱伤、两边、两边倒、两便、两不找、两重天、两重性、两党制、两抵、两点论、两个一百年、两广、两汉、两湖、两回事、两极、两江、两晋、两可、两口儿、两口子、两肋插刀、两利、两码事、两面、两面光、两面派、两面三刀、两面性、两难、两旁、两栖、两栖动物、两歧、两讫、两清、两全、两全其美、两世为人、两手、两手抓、两下子、两限房、两相情愿、两厢情愿、两响、两小无猜、两性、两性人、两性生殖、两袖清风、两样、两姨、两翼、两院制、两造、两张皮

除少数词语（如"二百五"和"两百五"、"二重性"和"两重性"）外，绝大多数词语中的"二"和"两"不可互换。

8.4 和名词语组合不同

"二"和"两"可以和一些名词组合,如"二人"和"两人",如:

(22) 几十年来,两人结下了深厚的友谊。

(23) 显然,甲、丙二人构成了共同犯罪。

"二人"带有明显的书面或文言色彩。有哪些名词语可同时与"二""两"搭配也是值得研究的问题。

总之,从"两"和"二"的组合功能来看,两者主要存在如下差异:第一,"两"不可与个位、十位组合,"二"没这种限制。第二,"两"可以构成概数表达,"二"不可以;但"二"可以构成序数等涉数表达,"两"较受限制。第三,"两"可以跟各种量词,"二"一般只跟度量衡量词。第四,"两"和"二"都可以构成一些词或固定短语,两者一般不可互换。

8.5 相关偏误与教学建议

留学生使用"二"和"两"的主要偏误是将"两"写成"二",以下是HSK动态作文语料库中的例子:

(24) *我认识的一对夫妻,婚后二年,感情出现了问题。(新加坡)

(25) *我是在南开大学的友好交换留学生,住在这儿还有二个月左右。(日本)

(26) *这样,二代之间就减少了不少的误会。(印度尼西亚)

(27) *但价格很贵比一般的食品贵二倍。(韩国)

(28) *让小孩能适中的接受二性相处。(澳大利亚)

(29) *一举二得的行为,何乐而不为呢?(马来西亚)

该语料库中,标注者认为将"两"误为"二"的有224例。其中,主要是将量词前的"两"误为"二",如例(24)~(27)。这类用例语料库中有202例,占90.2%。此外,还有固定用法中的"两"误为"二"的,如例(28)~(29),这类用例语料库中有3例,占1.5%。

语料库中还有15例是相邻数字连用的情况,标注者认为是偏误,如:

（30）要说二三次，一家才明白我的意思。（泰国）

（31）如果你觉得很累，你可以去郊区玩一二天。（日本）

其实它们都不是偏误，前文指出，在"语料库在线"中，概数表达"一二"的说法比"一两"还多（81∶16）。"一二天"的可接受性不太高，主要跟"天"是量词有关，"二"一般不与量词搭配。

语料库中还有两例"二"后接位数词的情况，标注者认为是偏误，如：

（32）在街头被发现抽烟的话，要罚款二千日元。（日本）

这也不是偏误，前文也指出，在"语料库在线"中，"二千"和"两千"的用例数接近（1.09∶1）。有些留学生误"两"为"二"的原因可能是"两"比"二"写法更复杂，既然"二""两"表示的数目相同，一般会选择写法简单的"二"，不选择写法复杂的"两"。

由于留学生主要是误"两"为"二"，而且量词前误用"二"的比例占90%以上[①]，教学时教师要强调量词前一般用"两"，而不用"二"（当然，前提是让学生知道哪些是量词，量词有什么特点，这是量词教学要解决的）。

9. "十"是系数词，还是位数词？

"十"是系数词，还是位数词？学界有争论。有两种观点，一种观点认为"十"是位数词，不是系数词，见郭锐（2002），黄伯荣、廖序东（2017）等；另一种观点认为"十"既是系数词，又是位数词，见朱德熙（1982），刘月华、潘文娱、故铧（2001），张斌（2010），邵敬敏（2016）等。

笔者认为，"十"是位数词。

---

① 如果排除不是偏误的情况（"一二""二三""二"接位数词等），量词前误用"二"的比例高达98.5%。

44　　数词

9.1 "十"是位数词

"十"是位数词，它前面可以出现系数词，如"二十、三十……九十"。不过"一十"一般不单说，而说成"十"；"一十一、一十二……一十九"一般也不单说，而说成"十一、十二……十九"，这与其他位数词表现不一致，试比较：

（1）a. [?]一<u>十</u>、[?]一<u>十</u>一

　　　b. 一<u>百</u>、一<u>百</u>一十

　　　c. 一<u>千</u>、一<u>千</u>一百一十

　　　d. 一<u>万</u>、一<u>万</u>一千一百一十

　　　e. 一<u>亿</u>、一<u>亿</u>一千一百一十一万一千一百一十

（2）a. 十、<u>十</u>一

　　　b. *<u>百</u>、*<u>百</u>十、*<u>百</u>一十

　　　c. *<u>千</u>、*<u>千</u>百十、*<u>千</u>一百一十

　　　d. *<u>万</u>、*<u>万</u>千百十、*<u>万</u>一千一百一十

　　　e. *<u>亿</u>、*<u>亿</u>一千一百一十一万一千一百一十

其他位数词（百、千、万、亿）单说或构成数词结构首项时，其前必须出现"一"，由此我们认为"十"单说或构成数词结构首项时，前面省略了"一"。这从"十"不是单说或构成数词结构首项时必须出现"一"可以看出，试比较：

（3）a. [?]一<u>十</u>、十

　　　b. 五百<u>一十</u>、*五百<u>十</u>

（4）a. [?]一<u>十</u>一、十一

　　　b. 五千三百<u>一十一</u>、*五千三百<u>十一</u>

9.2 位数词前的"十"不是系数词

有些文献认为"十"也是系数词，主要是因为"十"可以置于位数词"万""亿""兆"等前，系数词也有这种用法，试比较：

（5）a. <u>十</u>万、<u>十</u>亿、<u>十</u>兆

　　　b. <u>一</u>万、<u>一</u>亿、<u>一</u>兆

c. 六万、六亿、六兆

从这个角度看,"十"与"一、二……九"等系数词是平行的。

笔者认为,"十万""十亿""十兆"中的"十"仍是位数词,而不是系数词。

首先,"十"后的位数词只限于大位("万"及其以上)位数词,中位或小位("千""百"等)位数词前不能出现"十",试比较:

(6) a. 十万、十亿

b. *十十、*十百、*十千

其次,"百""千"也可以置于"万""亿""兆"之前,如:

(7) a. 百万、千万

b. 百亿、千亿

但我们不将"百""千"看作系数词。

再次,"十"和"万""亿"之间可以出现系数词"一、二……九",而其他系数词和位数词之间不可以再出现系数词(两个并列系数词表概数除外),试比较:

(8) a. 十二万、十九亿

b. *一九万、*六二千、*八三百

因此,将"十万""十亿"中的"十"看作系数词不具有普遍性。我们认为,"十万""十亿"等中的"十"仍是位数词,它的前面省略了系数词"一"。

9.3 "十万""千万""十亿""百亿"等不是位数词

正是因为上面的原因,我们不将"十万""百万""千万""十亿""百亿""千亿"等看作位数词(或复合位数词),而将其看作复杂系位构造,系数部分是一个简单系位构造,只不过其位数词"十"前的系数词"一"省略了,而位数词"百""千""万""亿"前的系数词"一"一般不能省略,试比较:

(9) a. ?一十万、一百万、一千万

b. 十万、?百万、?千万

(10) a. 一百亿、一千亿、一万亿

b. ?百亿、?千亿、?万亿

即"一万亿"的层次结构应为（11a），而不是（11b）：

(11) a. [一万] 亿

b. *一 [万亿]

综上所述，如果将"十"看作系数词，对内不具有普遍性（"十"和一般系数词"一、二……"等存在差异），对外不具有排他性（"十"和其他位数词"百、千……"等具有共同性），因而是不合理的。

如果将"十"看作位数词，则分析具有自洽性。问题的关键在于位数词"十"前的系数词为"一"时，"一"一般省略，当然这只限于该系位构造单说或处于数词结构首项时，否则，不能省略，试比较：

(12) a. 十万、? 一十万

b. 十万亿、? 一十万亿

c. *九亿零五百十万、九亿零五百一十万

例（12c）中的"十万"是系位组合的末项，"十"前的系数词不能省略。

10. "千万"和"万万"性质一样吗？

10.1 位数词与位数词连用

普通话的常用位数词有"十""百""千""万""亿"等，我们常常看到"十万""百万""万亿"等两个位数词连用的情况，详见表 10-1。

表 10-1 位数词与位数词连用的情况

	十	百	千	万	亿
十				十万	十亿
百				百万	百亿
千				千万	千亿
万				万万	万亿
亿					亿亿

在这些表达中，前一个位数词数值上小于或等于后一个位数词，且后一个位数词只能是"万"和"亿"，即为"十万""百万""千万""万万""十亿""百亿""千亿""万亿""亿亿"等。

这些表达前可以添加系数词，如：

（1）a. 二<u>十万</u>、一<u>百万</u>、五<u>千万</u>、六<u>万万</u>

　　 b. 二<u>十亿</u>、一<u>百亿</u>、五<u>千亿</u>、六<u>万亿</u>、九<u>亿亿</u>

有的文献将"十万""万万""百亿""亿亿"等看作位数词或复合位数词。

不过，这些表达虽然都是位数词与位数词连用，但是它们的性质不完全一样，可将它们分为两类：一类是"万万""亿亿"，它们是位数词；另一类是"十万""百万""千万""十亿""百亿""千亿""万亿"，它们不是位数词，而是前一个位数词省略了系数词"一"的复杂系位构造。

10.2 "十万""千亿"等是复杂系位构造

"十万""百万""千万""十亿""百亿""千亿""万亿"是复杂系位构造，它们的系数部分是省略了系数"一"的简单系位构造，位数部分为"万"或"亿"，即以上表达的结构应为：

（2）a. [（一）十] 万、[（一）百] 万、[（一）千] 万

　　 b. [（一）十] 亿、[（一）百] 亿、[（一）千] 亿、[（一）万] 亿

它们的系数部分可以换成其他系位结构，如：

（3）a. [四] 万、[三千零二十三] 万

　　 b. [五] 亿、[十五六] 亿

为什么"三千万""五百六十万亿"的结构层次是"[三千] 万""[五百六十万] 亿"，而不是"[三] 千万""[五百六十] 万亿"呢？即为什么不可以将"千万""万亿"等看作位数词呢？主要有以下理由：

首先，"十万""百万"等前面只能出现系数词，而典型的位数词"万""亿"前可以出现各种系位结构，试比较：

（4）a. 三<u>万</u>、二十三<u>万</u>

　　 b. 三<u>百万</u>、*二十三百万

（5）a. 五亿、二十五亿

b. 五千亿、*二十五千亿

其次，"千万""万亿"等的两个位数词之间可以出现系位结构或其他词语，显示两者不是一个整体，如：

（6）a. 三千万、三千六百四十一万

b. 八万亿、八万零二十三亿

c. 十万、十来万

d. 三百万、三百多万

最后，如果"十万""百亿"等是位数词，则可以将这些位数词按照由大到小的顺序排列构成系位组合，而实际上不能，试比较：

（7）a. 三万两千六百二十七

b. *三千万两百万六十万

因此，"十万""千万""万亿"等不像"千""万"一样是位数词。

10.3 "万万"是位数词

"万万"表示的数目为"亿"。

与"十万""万亿"等不同，"万万"是位数词（朱德熙，1982；李宇明，1986；郭锐，2002），因此，"万万"的功能像"万"一样，而不像"千万"一样。

首先，"万万"像"万"一样，其前可以出现各类数词结构，而"千万"前只限于出现系数词，试比较：

（8）a. 三百二十万万

b. 三百二十万

c. *三百二十千万

其次，"万万"不像"千万"那样，中间可以插入其他数词结构，试比较：

（9）a. *三万两百零二万

b. 三千两百零二万

如果将"三万万"看作像"三千万"一样，即"三万"和"万"构成复杂系位构造，则不符合系数部分的最高位数词应小于位数部分的位数词的规则，因为该构造系数部分的最高位数词（万）等于位数部分的位数词（万）。

最后，"万万"可以和其他位数词按照从大到小的顺序构成系位组合，而"千万"不能，试比较：

（10）a. 八<u>万万</u>零六百万

　　　b. *五千万六百万

因此，"万万"和"千万"等不一样，"万万"和"万""千"等一样，它也是位数词。

因为"万万"是位数词，比"万"大，因而可以构成"四万万七千万"等表达，但对于这种表达，可以有两种理解，可以进行两种划分：

（11）a. [四万万七千] 万

　　　b. [[四] 万万] [七千] 万

如果是例（11a），则"万"是位数词，前面的"四万万七千"是系数部分，整个结构是复杂系位构造，它表示"四万万七千"个"万"。如果是例（11b），"万万"和"万"都是位数词，"四"是"万万"的系数部分，"七千"是"万"的系数部分，整个结构是系位组合，它表示"四万万"和"七千万"。张永伟（2017）认为，从语言信息处理视角看，后一种理解运算更简单，更易于理解和表达。而且，经历史验证，人们也选择了更加简单易懂的这一表达。

笔者还认为，"[四万万七千] 万"这种划分不合理，理由如下：第一，如果"四万万七千"是系数部分，则应为"四万万零七千"，因为有空位；第二，系数部分最高位数"万万"超过位数"万"，这不符合数词结构的一般规则。

下面是位数词"万万"在"语料库在线"中的实际用例：

（12）资产总额七<u>万万</u>五千五百万元。

（13）顺水推舟，从二十根里，一根根地抽十根，照前面摆花瓶的方法来算，一总的方法便应当是二十、十九、十八、十七、十六、十五、十四、十三、十二、十一这十个数相乘，而得六千七百零四<u>万万</u>四千二百五十七万二千八百。

10.4 "亿亿"是位数词

"亿亿"也跟"万万"一样是位数词，如：

（14）a. 几亿亿、七点五亿亿、200 万亿亿

b. *两亿零五十六亿、*五百亿三十亿

c. 五千万亿亿六万亿、五百亿亿零六百亿

"亿亿"前可以出现各种数词语，如例（14a）；两个"亿"之间不能插入其他数词语，如例（14b）；而且它可以和其他位数词按照从大到小的顺序构成系位组合，如例（14c）。

下面是位数词"亿亿"在"语料库在线"中的实际用例：

（15）水就是由大量的水分子聚集而成的，一滴水里大约就有十五万亿亿个水分子。

（16）亚里士多德曾对音素字母的缀法做过一个统计：二十三个单字母可以变化出二百五十万亿亿个音节来；二十四个可以变化出六千二百万亿亿个音节来。

最后提一下，生活中常见到"亿万富翁""亿万观众""亿万年"等说法，其中的"亿万"跟"万亿"不一样（"亿万"两个位数词不是按照从小到大的顺序排列），这应该是两个大位数词"亿""万"的连用，然后凝固成词。《现代汉语词典》将"亿万"看作数词，泛指极大的数目。

11. 数词有哪些用法？

数词具有多种用法，下面从组合功能（数词可以和哪些语素或词组合）和句法功能（数词可以充当哪些句法成分）两个角度加以分析。数词结构和数词用法基本一致，这里也一起探讨，不过重点探讨数词。

11.1 数词与数词组合

系数词与位数词组合构成各种数词结构，如：

（1） i . 简单系位构造：三十、六百、七万

ii . 系位组合：七十二、九万零二十一

iii . 复杂系位构造：六十八万、三千万零二十六亿、三四十

邻近系数词或位数词连用可以表概数，如：

（2）a. 三四、三四十、五十二三、五六万

b. 千万次、千百箱书

11.2 数词与词缀或助词结合

主要有以下几种情形：

（一）数词置于"第-、初-、老-"等前缀后，构成附加式合成词，表次序，如：

（3）第七、初十、老三

数词一般为系数词，位数词只能是"十"。数词结构可以置于"第-"后，有限地置于"老-"后，不能置于"初-"后，试比较：

（4）a. 第十四天、老十四、*初十四

b. 第五百六十四号、?老五百六十四、*初五百六十四

（二）数词置于"成、上、近、数"等词语后，表概数。数词一般是位数词，不能是系数词，试比较：

（5）a. 上百、成千、近万、数十

b. *上三、*成五、*近七、*数八

数词结构可以置于"成、上、近、数"等词语后表概数，如"约两万五""近五千"。

（三）数词置于"以下、以内、把、左右、上下、前后"等助词前，表概数，如：

（6）五以内、十以下

（7）百把、千把

"把"前面只能是位数词"百、千、万、亿"，不能是"十"。

如果是数词结构，它们可以置于"左右""上下""以上""前后""多""来"等助词前，如"五十上下""六百以上""三百六十多""四百来斤"。当然更常见的用法是数词结构后加量词再带这些助词，如"三百五十米以内""六十岁上下"。

（四）数词与"点、分之"等组合，表示小数、分数等，如：

（8）0.34、五分之四、百分之七

数词结构也有这样的用法，如"三十五点四""百分之十四"。

11.3 数词和量词组合

数词可以跟量词组合成数量短语，充当各种句法成分，如：

（9）屋子里没有一张桌子。

（10）他吃了两碗。

（11）一本是我的，另一本是他的。

（12）这点儿活几天就干完了。

（13）去了三次就不去了。

（14）十点了。

例（9）"一张"做定语，例（10）"两碗"做宾语，例（11）"一本"做主语，例（12）"几天"做状语，例（13）"三次"做补语，例（14）"十点"做谓语。

系数词可以比较自由地和量词组合，如"八个""三斤"。位数词除"十"以外，一般不直接跟量词组合，如"？百个""？万张""？亿元"等一般不说。"百年大计""百米大赛""万里行""跨越千年"等位数词和量词已经或接近固定成型。

系数词和位数词构成的系位结构可以自由地和量词组合，如"十八个""三千六百二十五天""十万亿吨"等等。

11.4 数词直接做句法成分

数词（或数词结构）也可以不和量词组合，直接充当句法成分。

11.4.1 做主语或宾语

主要有两种情况：

一是计算，如：

（15）四加六等于十。

"四"做主语，"六"和"十"做宾语，"四""六"是系数词，"十"是位数词。

二是列举，如：

（16）数词主要包括两类：<u>一</u>是系数词，<u>二</u>是位数词。

（17）他听完以后说："这是<u>一</u>，二呢？"

例（16）"一"和"二"做主语，例（17）"一"做主语（"二"可以看作做谓语）。它们都是表次序。

数词用于计算或列举都可以看作以数目本身作为说明对象（胡附，1984）。

11.4.2 做谓语

主要有四种情况：

一是计算，如：

（18）三七<u>二十一</u>。

"二十一"做谓语（"三、七"可以看作并列结构做主语）。

二是列举，如：

（19）你<u>一</u>，他<u>二</u>，小李<u>三</u>

"一""二""三"做谓语，都是表示次序。

三是计日，如：

（20）今天<u>二十七</u>。

（21）大年初<u>一</u>

四是说明年龄，如：

（22）他今年<u>三十八</u>了。

如果年龄等于或小于十岁，后面要添加量词"岁"，试比较：

（23）a. #他<u>十</u>、#他<u>六</u>

　　　b. 他十岁、他六岁

从句型上看，数词做谓语是名词谓语句，一般用于口语，书面语中少见；一般是短句，长句少见。而且只能用于肯定句，如果是否定句，数词则不再做谓语，而是做宾语，如：

（24）三七不是<u>二十二</u>。

（25）我不是<u>一</u>，是二。

（26）他今年不是三十七。

"二十二""一""三十七"都是数词语做宾语。

11.4.3 做定语

数词可以修饰某些名词，如：

（27）三人、三房两厅、两手都要硬

（28）五年级、四连、二机厂、319 国道、985 工程

"二机厂""319 国道""985 工程"等接近固定用法（专有名词）。有些成语，如"五湖四海、七嘴八舌、七手八脚"，其中的数词从结构上也可以看作做定语。

下列名词前的数词不宜看作做定语：

（29）一桌子书、一箱子水果、一手的泥巴、一屋子人

数词"一"后的"桌子""箱子""手""屋子"等是借用量词，数词仅限于"一"，表示"全、满"的意思。

12. 数词结构有哪些类型？

12.1 数词结构的类型

朱德熙（1982）将数词结构分为系位构造、系位组合和复杂系位构造。系位构造与复杂系位构造容易引起误会（可能会将复杂系位构造看作系位构造的一类），所以这里将朱德熙（1982）中的"系位构造"称为"简单系位构造[①]"。此外，朱德熙（1982）中部分复杂系位构造也值得进一步探讨。

12.1.1 简单系位构造

简单系位构造是由一个系数词和一个位数词组合成的系位结构。如果用小写

---

① 朱德熙（1982）在探讨复杂系位构造的类型时，就提到有些系数部分是一个简单系位构造（如"二十万"）。

字母 a 表示系数词,则简单系位构造有"a(个)、a十、a百、a千、a万、a亿"等模式,如:

(1)三十、三百、五千、八万、六亿

系数词单独使用时也可以看作是简单系位构造,它们后面的位数词是有位无位数词的个位,不过由于个位无位数词,整个结构是一个音节,我们一般将它们看作数词(系数词)。位数词"百、千、万、亿"等不是简单系位构造,因为它们一般不能单说,位数词"十"能单说是因为它前面省略了系数词"一","(一)十"是简单系位构造。

简单系位构造的系数词和位数词之间的关系是相乘关系,如"三十"是"3×10","八万"是"8×10000"。

12.1.2 系位组合

系位组合是由两个或多个简单系位构造组合而成的系位结构,构成系位组合的各简单系位构造可称为系位组合的项,末项的位数词可以省略,如:

(2) a. 十六、三百二十

b. 五百三十二、五万六千九(百)

c. 三千四百五十六、六万七千八百九(十)

d. 六万七千八百九十一

例(2a)的"十六"其实是"(一)十六",十位的系数词"一"省略,个位无位数词,因而"十六"也可以看作由两个简单系位构造组合而成的系位组合。例(2b)是由三个简单系位构造组合而成的系位组合。例(2c)是由四个简单系位构造组合而成的系位组合。例(2d)是由五个简单系位构造组合而成的系位组合。系位组合最多由五个简单系位构造组合而成。

由三个以上简单系位构造组成的系位组合如果中间项缺失,则用"零"补位,如果该系位组合的末项位数词是"十""百""千""万",则不能省略,如:

(3) a. 五百零二、四千零三十(≠四千零三)、五万零九百(≠五万零九)

b. 四千零三、五万零六十(≠五万零六)

c. 三万零六

例（3a）三个系位组合各缺失了一项（分别缺十位、百位、千位）。例（3b）中"四千零三"缺失了百位和十位，"五万零六十"缺失了千位和百位。例（3c）缺失了三项（千位、百位和十位）。例（3b）和例（3c）都是连续两项或三项缺失，所以用一个"零"补位。还有的是非连续项缺失，则缺几项补几个"零"，如：

（4）三万零五百零七

系位组合的几个项之间是相加关系，如"六万七千八百九"是"6×10000+7×1000+8×100+9×10"，"三万零五百零七"是"3×10000+5×100+7"。

12.1.3 复杂系位构造

复杂系位构造是指其系数部分由简单系位构造或系位组合充当的系位结构，主要有以下几类：

第一类是系数部分由简单系位构造充当，位数词是"万、亿"等，如：

（5）［三十］万、［七千］万、［七百］亿、［九万］亿

第二类是系数部分由系位组合充当，位数词是"万、亿"等，如：

（6）a.［十六］万、［三百四十五］万、［七万九千六百三十］亿

　　b.［三百零五］万、［三万零七］亿、［三万零五百零七］亿

例（6b）是系位组合中间项缺失的情况。

朱德熙（1982）将以下两种情况也看作复杂系位构造：第一，系数部分是并列的数词，如"两三千、七八万"；第二，位数部分是"万万"，如"两万万"。笔者认为，表示概数的"两三"或"七八"不是词，也不宜归为现有的数词结构类型，但如果像朱德熙（1958）一样将它们看作系数结构，则"两三千""七八万"也可以看作复杂系位构造。至于"两万万"，笔者认为宜看作简单系位构造，因为"万万"是一个位数词[①]。

12.2 数词结构的结构规则

数词结构是由系数词和位数词按照一定规则构成的。

[①] 朱德熙（1982）也认为"万万"是一个位数词，"十万、千万"等不是。

12.2.1　简单系位构造的结构原则

简单系位构造的规则是系数词在前，位数词在后，试比较：

（7）a. 二十、十二

　　b. 三百、*百三

例（7a）的"十二"不是简单系位构造，而是系位组合，是由"（一）十"和"二（个）"两个简单系位构造组合而成的，两者是相加关系。例（7a）的"二十"才是简单系位构造，两者之间是相乘关系。

12.2.2　**系位组合的结构原则**

系位组合由两个或两个以上的简单系位构造（项）组合而成，各项按照位数词从大到小的顺序［亿、万、千、百、十、（个）］排列，试比较：

（8）a. 六千一百、*千六百一

　　b. 五百三十、*三十五百

　　c. 五万六千四百、*四百六千五万

如果项的位数不连续，则缺的项用"零"替代，试比较：

（9）a. *五万四十

　　b. 五万零四十

例（9b）缺了位数词为"千"和"百"的两项，这是两个连续的项，用一个"零"补充。

12.2.3　**复杂系位构造的结构原则**

复杂系位构造的系数部分由数词结构构成，位数部分是"万""万万"或"亿"。系数部分如果是简单系位构造，则系数词在前，位数词在后；系数部分如果是系位组合，则各项按照位数词由大到小的顺序排列，缺的项（包括缺几个连续的项）用"零"替代。而且系数部分的位数词应小于整个复杂系位构造的位数部分，试比较：

（10）a.［三千六百］万、*［三万零六百］万

b.［五千万零二十三］亿、*［五亿零二十三］亿

例（10a）的"［三万零六百］万"系数部分最大的位数词"万"与位数部分"万"一样，例（10b）"［五亿零二十三］亿"系数部分最大的位数词"亿"与位数部分"亿"一样，因而都是不可接受的。

13. 如何表达概数？

概数表达不确定的数目，它是相对确数而言的。汉语表达概数的方式主要有四种。

13.1 数字连用表示概数

一般是邻近系数词连用，"一"到"九"这九个系数词相邻的两个连用都可以表示概数，如"一二、二三、三四、四五、五六、六七、七八、八九"，这些都是数目从小到大。

"二"有时会说成"两"，所以，"一二"会说成"一两（人）"，"二三"会说成"两三（天）"。

非相邻系数词"三"和"五"也可以连用表示概数，如"三五（载）"。

"三两（天）"也是相邻数词连用，数目大的"三"在前，数目小的"二"在后，"两"不能换成"二"。

从功能上看，连用的邻近数字可以后接量词，也可以后接位数词，一般不单用，如：

（1）a. 三四次

b. 三四万

c. 十三四岁

d. ?三四

此外，邻近数字连用表示概数时，有两种表示法（书面）要注意：第一，数字要用汉字数字，不用阿拉伯数字；第二，两个汉字数字之间不用标点符号（如

顿号、逗号等）隔开。据此，"3、4斤""三、四斤"这样的表达都是不规范的，规范的表达是"三四斤"。

邻近位数词连用也可以表示概数，一般是数目大的在前，数目小的在后，如：

（2）百十号人、千百年来、万千思绪、亿万同胞

13.2 数词语后面加表概数的词语

13.2.1 三类表概数的词语

从构词来看，这三类词语是：（1）单音节词，如"来、把、多"；（2）并列式，如"左右、上下、前后"；（3）附加式（前缀是"以-、之-"），如"以上、之上、以下、之下、以内、之内、以外、之外"。例如：

（3）a. 十来个人、百把人、七万多辆汽车

  b. 三十元左右、20%上下、一八九三年前后

  c. 四倍以上、800米以内、五米之外、三十岁以下

"来""把"位于位数词后，其他词语位于数词语后，或者它们和数词语之间有量词。下文将这类概数表达表示为"X+来""X+左右"。

13.2.2 意义差别

这些表概数的词语表义不同：如"十来个人"是指大概十个人，可以是八九个，也可以是十一二个，与十相差不大，但一般不指一两个或十八九个。"百把人"也是指大概一百个人，与一百相差不大。"七万多"指超过七万但不到八万，与七万相差不大。"三十元左右"也是指钱数大概为三十元，与三十元相差不大。"20%上下"指大概20%，与20%相差不大。"一八九三年前后"指大概一八九三年，与一八九三年相差不远。

由此看出，这些概数表达可以表示接近某个数目，但相差不大，可以略多于这个数目，也可以略少于这个数目，如"X+来""X+把""X+左右""X+上下""X+前后"。这些概数表达中的"X"可以看作标准或界限，这些概数表达

所表示的数目与"X"相差不大。当然,这些概数表达表示的数目是就说话者而言的,是说话者估计的,带有主观性和不确定性,实际数目可能与之相差较大。

13.2.3 是否涉及本数

此外,"以上、以下、以内"等"以-"类词和"之内、之前、之后"等"之-"类词都有划界作用,这涉及是否包含本数的问题,如以"以上""以下"为例,有的文献认为,两者都包括本数,这样当两者并举时,就会产生矛盾,如:

(4) 三岁以下的儿童需大人陪同才能游玩,三岁以上的儿童不需大人陪同。

那么刚好三岁的需不需要陪同呢?这就不好确定。也有的文献(王还,1995;刘月华、潘文娱、故韡,2001)认为,"以上"包括本数,"以下"不包括本数,两者并举就不会产生矛盾了,如例(4),刚好三岁的儿童就不需要大人陪同。

按王还(1995),刘月华、潘文娱、故韡(2001)处理不会产生歧义,不过,这好像并没有成为全国统一遵循的规范。因此,为了更明确,往往会采取其他方式,如例(4)可采取如下表达(参见《〈出版物上数字用法〉解读》):

(5) a. 三岁以下的需大人陪同才能游玩,三岁以上(含三岁)的不需大人陪同。

b. 三岁以下的需大人陪同才能游玩,三岁及三岁以上的不需大人陪同。

我国法规之一《民法通则》有一条内容也与此有关:

(6) 第一百五十五条:民法所称的"以上"、"以下"、"以内"、"届满",包括本数;所称的"不满"、"以外",不包括本数。

这样规定也不会产生歧义,但是"以上""以下"包括本数,而"以内"包括本数,"以外"却不包括本数,其中的理据却不得而知。此外,"以上""以下"都包括本数,当它们如例(5)一样对举时,处理起来就会比较麻烦。

除"以上""以下"之外,其他词语也存在是否包括本数的问题,大致说来可以分为两类:一类是少于或低于本数,如"以下、以内、以前、之内、之前"等;另一类是多于或高于本数,如"以上、以外、以后、之外、之后"等。显然，这些词语是否包含本数，也需要统一处理。

此外，"来、把、多"等词语的用法也各不相同，这跟这些词语前是否使用数词语、量词，量词的类别，以及这些词与数词语、量词的位置等都有关系。关于这个问题，后文将专题探讨。

13.3　数词语前加表概数的词语

根据用法，这些词语可以分为三组：

第一组，后接位数词的，如"成、上、数"等，如：

（7）a. *成十、成百、成千、*成万、*成亿

　　　b. *成一百年、*成两亿元

（8）a. ?上十、上百、上千、上万、上亿

　　　b. *上一百年、*上两亿元

（9）a. 数十年、数千年、数亿年

　　　b. *数二十年、*数四千年、*数六万年、*数七亿年

第二组，后接数词结构或涉数表达的，如"约"，如：

（10）a. ?约百斤、?约万年、约十岁

　　　 b. 约两百米、约百分之七十五

第三组，既可以接位数词，也可以接数词结构或涉数表达的，如"近"，如：

（11）a. 近十位专家、近千人、近亿斤

　　　 b. 近一百位专家、近1/4的人口

各个词的具体用法，后文还将专题探讨。

13.4　用概数词表示概数

根据用法，这类概数词可以分为三组：

第一组，后接位数词，如"几、好几、若干"等，如：

（12）a. 几十、几百、几千、几万、几亿

　　　 b. 二十几、六千五百七十几

（13）a. 好几十个、好几百斤、好几千人

b. 二十好几、﹖六千五百七十好几

（14）a. *若干十、*若干百、*若干千、*若干万、*若干亿

　　　b. *二十若干、*六千五百七十若干

第二组，后接量词或名词，如"许多、好多、好些"等，如：

（15）许多个夜晚、许多游客

（16）好多次、好多人

（17）好些天、好些人

第三组，系数词"两"，如：

（18）说上两句、住个两年

"两"表概数时一般读轻声，而且由它构成的数量短语一般做宾语或补语。

13.5　丰富而独特的概数表达

由上面的分析可以看出，汉语表达概数的形式有很多类，同一类也有很多不同的形式，虽然这些形式都表示概数，但存在不少差异，试比较：

（19）a. 一二百斤

　　　b. 百把斤、一百来斤、一百斤左右、一百多斤

　　　c. 上百斤、近百斤

　　　d. 几百斤、若干百斤

这些都是概数表达，有些表达意义上和功能上都存在差异，如"百把斤""一二百斤"和"一百多斤"。从意义上看，"百把斤"接近一百斤，略少或略多于一百斤，"一二百斤"可以接近两百斤，而"一百多斤"虽然多于一百斤，但一般不会接近两百斤；从功能上看，"把"位于位数词后，"一二"位于位数词前，"多"则位于系位结构后。有些意义上接近，但用法上存在差异，如"百把斤"和"上百斤"都接近一百斤，但"把"只能用于位数词后，而"上"只能用于位数词前。有些则是功能上相同，而意义上存在差异，如"一二百斤"和"几百斤"、"一二"和"几"都位于位数词"百"前，但"一二百斤"一般指一百到两百斤之间，而"几百斤"可以指从一百斤到九百斤。

正是因为存在意义上或用法上的差异，各类概数表达存在一定的互补性，汉

语概数表达具有丰富而独特的特点。后文还将具体探讨一些概数表达（一般是较常见、较易混淆的）。

14. 如何表达倍数？

汉语一般通过在数词语后添加"倍"的方式来表示倍数，有时"倍"后还可以出现表概数的词语，可以表示为"数词语＋倍（＋表概数的词语）"，如"三倍""二十五倍多"。这类结构可以称为倍数表达。

下面从"倍"前的数词语、"倍"后的词语，以及与倍数表达搭配的谓词三个角度进行分析。

14.1 "倍"前的数词语

从词类上看，"倍"是量词，"倍"前必须出现数词语，可以是整数，如：

（1）九倍、九千倍、三百九十倍、三百二十二万倍

"倍"前的词语也可以是小数表达，但较少出现分数表达，如：

（2）三点五倍（3.5倍）、[?]三分之一倍、[?]三又二分之一倍

"倍"前也可以出现概数表达，但不是所有的概数表达都可以出现在"倍"前，试比较：

（3）ⅰ．数词连用：两三倍、十五六倍

　　ⅱ．数词语＋"多"：三十多倍

　　ⅲ．数词语＋"来/把"：[?]三十来倍、[?]百把倍、[?]万把倍

　　ⅳ．数词语＋"上下/左右"：[*]五十左右倍、[*]三百二十上下倍

　　ⅴ．"近/上"＋位数词：近十倍、上万倍

此外，概数词（如"许多、好多、好几、几、多少、若干、数"等）也可以用在"倍"前，如：

（4）许多倍、好几倍、多少倍、几倍、若干倍、（大）数倍

"倍"前还可以出现一些复杂的数词语（并列短语或偏正短语），如：

（5）提高效率 <u>2 至 3</u> 倍。

（6）铁路的客运量比公路高 <u>5～20</u> 倍。

它们也可以变换成：

（7）提高效率 2 倍至 3 倍

（8）铁路的客运量比公路高 5 倍至 20 倍

14.2 "倍"后的词语

14.2.1 概数词语

"倍"后的词语主要是表概数的词语，如检索"语料库在线"，最常见的是"多"（74 例）、"以上"（53 例）、"左右"（18 例）。此时，"倍"前是表整数的各类数词语，如：

（9）太阳的半径约为 700000 千米，是地球半径的 <u>109 倍多</u>。

（10）这个重量相当于她自身体重的 <u>四倍以上</u>。

（11）液体变成气体时，体积增大 <u>1000 倍左右</u>。

"倍"后一般不出现"以下"（大概跟"倍"主要用于增量有关），也不出现"上下"（"语料库在线"和 BCC 语料库两个语料库均未检索到用例）等，也不能出现"来""把"等表概数的词语。

14.2.2 半

"半"不可以出现在"倍"前，但可以置于"倍"后，试比较：

（12）a. *半倍、*一半倍

　　　b. 三倍半、十四倍半

但"半"置于"倍"后，"倍"前面的数词语表示的数目较小，一般以系数词和"十＋系数词"结构为主，试比较：

（13）a. 增加了十七倍半

　　　b. ?增加了七十倍半

14.2.3 多

"多"可以位于"倍"后,"倍"的前面可以出现各种表整数的数词语,而且其末位一般是系数词,如:

(14) a. 四倍多、七千三百五十六倍多

b. *四十倍多、*七千三百五十倍多

"倍"前的数词结构一般不会是概数表达、分数表达或小数表达,试比较:

(15) a. 三倍多

b. ?三点五倍多

c. ?三分之一倍多

在"语料库在线"中,有些系数词也可以出现在"倍"后,如:

(16) 而以日本作比例,则中国山东江苏浙江较日本多三倍以上,山西是日本的四倍四,辽宁是日本的六倍六。

这种结构很少见,可能是方言用法。

14.3 与倍数表达搭配的词语

一般认为,倍数多用于大于或增加的情况,小于或减少的情况一般不用倍数,而是用分数。实际语料也支持这种观点。

14.3.1 动词

主要是表增加、提高义的动词,"语料库在线"中出现频率较高的动词有"增加"(214例)、"增长"(150例)、"提高"(68例)、"放大"(46例)、"超过"(44例)、"扩大"(27例)、"延长"(7例)。

有一类动词增加义或减弱义都不明显,它们也可以跟倍数表达搭配,如:

(17) 容量是原来的两倍。

(18) 速度为音速的十倍以上。

(19) 实际年发电量约相当于解放初期全国发电量的三倍多。

(20) 等于一九四〇年的一点六倍。

（21）例如北京降雨量最多的年份降雨量为 1084 毫米，最少的年份降雨量只有 168 毫米，相差 5 倍多。

（22）它的头颈竟有身体的 3 倍长。

这类动词主要是判断动词或属性动词。

14.3.2　形容词

形容词后也可以出现倍数表达，如：

（23）虽然在情势上说还要险恶一倍以上。

（24）任何人也不能否认：社会主义工业化比资本主义工业化不知要优越多少倍。

（25）我检验了各种树叶子，发现它们的释氧功能特别好，要比其他地方的绿叶植物强三倍以上。

常用的形容词还有"多、快、好、响、大、毒、厉害、难、粗、高、远、甜、亮、美丽"等，这些也可看作表示增量或大量。

在和倍数表达搭配时，形容词后也可以带趋向动词（主要是"出"和"上"），如：

（26）分别高出 2~5 倍。

（27）其体积却要比蝙蝠大上许多倍。

14.4　其他相关问题

14.4.1　倍数表达的功能

从功能来看，倍数表达常做补语（如"增加了十三倍"），也常做定语中心语，前面的动词一般为判断动词，如：

（28）等于一九四〇年的<u>一点六倍</u>。

（29）王府井空气含菌量约为林荫道的<u>二倍</u>，中山公园的<u>七倍</u>，香山公园的<u>十倍</u>。

（30）是一九七八年的<u>一万四千多倍</u>。

14.4.2 "V+到+X+倍"和"V（+了）+X+倍"

一般认为，"V+到+X+倍"包含本数，"V（+了）+X+倍"不包含本数，试比较：

（31）a. 某地1980年有100万人口，到2000年增加到三倍，即2000年有300万人口。

b. 某地1980年有100万人口，到2000年增加了三倍，即2000年有400万人口。

此外，从"从四增加到八"，可以表示为"增加了一倍"或"增加到两倍"。

14.4.3 "倍"与"番"

在普通话中，"倍"还可以用"番"来表示，如"翻了一番"即为数量增加了一倍的意思（《现代汉语词典》）。但"番"的使用频率低于"倍"，使用范围小于"倍"，使用限制强于"倍"（一般用于"翻了X番"），这里就不多介绍了。

14.5 习得概况与教学建议

在HSK动态作文语料库中，倍数表达有93例，其中使用正确的有63例，占67.7%，如：

（32）可是"绿色食品"非常贵，比一般食品贵 1.5倍到2倍。（日本）

（33）运动员的收入比普通工人的收入高几十倍。（越南）

倍数表达使用不正确的有30例，占32.3%，主要是它所在的结构或句式不正确。主要有下面几类[①]：

第一类，倍数表达所在的"比"字句使用不正确，主要问题是倍数表达前没有形容词或动词，如：

（34）*明年以后烟的价格比现在的二倍。（韩国）

（35）*吸烟者得癌病率比不吸咽者的五倍。（日本）

（36）*根据调查吸烟者比非吸烟者的得肺病率得达几倍。（日本）

---

① 以下各类有交叉。

（37）*在肺癌症方面上吸烟人的死亡率比不抽烟的人的死亡率高得七倍。（韩国）

例（34）应在"二倍"前添加"贵"或"高"，而且最好将"二"改为"两"。例（35）应在"五倍"前添加"高"。例（36）应有表程度或比较的成分，如"高几倍"。例（37）"七倍"不做程度补语，做数量补语，即不需要"得"字。在"比"字句中，倍数表达做形容词或动词的数量补语。在语料中，倍数表达所在的"比"字句不正确的有17例，占所有不正确用例的56.7%。

第二类，倍数表达所在的"是"字句使用不正确，如：

（38）*介格大概以前的两三陪。（韩国）

（39）*有的是比一班的两倍。（韩国）

（40）*这个钱，相当材料费的好几倍。（日本）

例（38）可以在"大概"后添加"是"，同时，"倍"字书写形式错误。例（39）"是""比"共存一句，可删去"比"，这也可以看作"比"字句使用不正确。例（40）"相当"改为"是"，或者改为"相当于"。在"是"字句中，倍数表达做宾语。在语料中，倍数表达所在的"是"字句不正确的有5例，占所有不正确用例的16.7%。

第三类，倍数表达位于补语标记"得"后，如：

（41）*所以比其他类食品更贵，贵得两三倍。（韩国）

（42）*味道比用化肥甜得几倍了。（韩国）

（43）*对于许多个病治方面吸烟者的发病率比非吸烟者高得好几倍。（韩国）

这些用例基本出现在"比"字句中，因而与第一类重合，其中的"得"应该删去。在语料中，这类倍数表达共4例，均出现在韩国学生作文中，可能是受母语影响。

第四类，"倍"字写错，如：

（44）*因为绿色食品比其它的食品贵得多，大概有两，三培。（日本）

（45）*比如吸烟者被损失比吸烟者十部。（泰国）

（46）*教授也开始给我们很多考试，所以必须加一备努力。（马来西亚）

（47）*使那样天然的高级的饲料的贵了一陪。（韩国）

在语料中,"倍"字写错的有 5 例,占 16.7%。

第五类,其他错误,如:

(48)*但对我们的身体影响的好方面却比一般农作物好 3、4 倍呢。(韩国)

(49)*吸二手烟的人遭受烟害的危险机率是吸烟者本有危险的一倍。(马来西亚)

(50)*在英国某大学研究中发现简接吸烟的死亡率高达直接吸烟死亡率的八倍。(韩国)

例(48)相邻数字连用表概数,应用汉字数字,且中间不用标点符号,应改为"三四倍"。例(49)"一倍"应改为"两倍"。例(50)"高达"和"八倍"应组合在一起,即为"高达八倍",而且此例最好用"比"字句。在语料中,这类用例共 8 个,占 26.7%。

由此看出,在留学生作文中,虽然"倍"本身的使用基本正确,但倍数表达所在的结构或句式有许多是不正确的,特别是"比"字句使用不正确的现象比例较高。教学时,教师一方面要引导学生注意"倍"字的使用(看作量词,前加数词语),同时更要引导学生关注倍数表达所在句式或结构的使用,特别是倍数表达用于"比"字句[比……形容词(+动词)+倍数表达]和"是"字句(是……的+倍数表达)的差异。此外,教师还要提醒学生将"倍"字写正确。

15. 如何表达分数?

15.1 基本结构与类型

如果用 a、b 表示汉字数字,分数可以表示为"a 分之 b"(如"三分之一"),a 表示分母,b 表示分子,两者是除数关系,即 b 是被除数,a 是除数。如果 a、b 是阿拉伯数字,分数表示为"$\frac{b}{a}$",如"$\frac{1}{3}$"。由于排版等原因,"$\frac{1}{3}$"可以写成"1/3"。"三分之一""$\frac{1}{3}$"或"1/3"都可以称为分数表达。

有文献将分数表达中的"分之"看作助词（郭锐，2002）。

分数可以分为三种类型：真分数、假分数、带分数。真分数的分子比分母小，如"三分之二"。假分数的分子等于或大于分母，如"三分之三""二分之三"。带分数是分数前有整数，且该分数为真分数，可表示为"$c\frac{b}{a}$"，读作"c又a分之b"，如"四又七分之二（$4\frac{2}{7}$）"，"又"表示整数和分数之间是相加关系。

15.2 约分

从理论上讲，分母a和分子b可以是任何数词语，如"五百三十一分之十九"（19/531），"十二万六千七百三十八分之三百七十六（376/126738）"。在"语料库在线"中，分母很复杂的例子如：

（1）荷尔的这种提制方法，使得近来每年能生产四万万磅的铝，其价值仅为那时的<u>二千六百七十五分之一</u>！

（2）由强相互作用决定的物理过程则可以短到<u>一百亿亿亿分之一</u>秒。

如果分母表示的数目非常大，分子一般是"一"。

一般情况下，分子b和分母a会尽量化简，即约分，如"六分之三（3/6）"约分为"二分之一（1/2）"。如在"语料库在线"中，没有"四分之二""六分之三""八分之四"之类的用例，但"二分之一"的用例有40例。

如果分母是位数词（十、百、千），则不约分的情况也很常见，语料库中的用例如：

（3）夏天换水要勤，每天可以抽换<u>十分之五</u>，不可使水温过高。

（4）抽调<u>百分之二十</u>科室干部到基层任职。

（5）我说："<u>千分之五十</u>。"

（6）水圈的质量只占地球质量的<u>万分之四</u>。

15.3 分母的特点

分数的分母比较集中，在"语料库在线"中以"分之"[①]为查询条件（模糊匹配），共检索到1670例，详见表15-1。

表15-1 语料库中"分之"的用例及占比

X分之	用例	占比	X分之	用例	占比
二分之	43	2.6%	十分之	94	5.6%
三分之	248	14.9%	百分之	864	51.7%
四分之	125	7.5%	千分之	57	3.4%
五分之	64	3.8%	万分之	73	4.4%
六分之	18	1.1%	亿分之	23	1.4%
七分之	6	0.4%	其他	44	2.6%
八分之	9	0.5%	小计	1670	100.0%
九分之	2	0.1%			

由表15-1可知，分母为"三""四""十"和"百"的用例最多，共1331例，占79.7%，其中分母为"百"的占51.7%。由此看出，人们倾向于用百分数来表示分数。而且分母为位数词的用例（1111例，占66.5%），比分母为系数词的用例（515例，占30.8%）多得多。

15.4 带分数

三种分数中，真分数运用广泛，假分数很少使用，带分数运用领域也不很广，如"语料库在线"中未发现带分数的用例，CCL现代汉语语料库中共检索到254个带分数的例子，主要用于围棋比赛或翻译作品，如用于围棋比赛的例子：

（7）最后，于梅玲以<u>三又四分之三子</u>的优势获胜。

[①] 查询条件"十分之"包括分母为"十""二十""三十"等的。

（8）最后，黑以二又四分之三子获胜，此时大元才长出了一口气。

这类例子共216例，占带分数用例的85.0%。这类例子中，"又"前的数词限于"一、二、三……九"这九个系数词，分母多为"二、四、八"，其中，分母为"四"的占绝大多数。

带分数出现于翻译作品的例子有：

（9）股票的价格已跌到了一又八分之一英镑了。

（10）美军共计九个师，法军共计三又三分之一个师。

这类用例共23例，占9.1%。"又"前的数词也以系数词为主。

而且，带分数"又"和整数数词之间可以出现量词，如：

（11）邮政手册上只标了五法里又四分之一。

（12）一小时后，我们到一万三千米，即三里又四分之一深了。

（13）每两等于三十一格兰姆又四分之一。

语料中只出现了4例，量词均为度量衡量词，而且只出现在翻译作品中。

15.5 百分数

百分数是分数的一种，其分母是"百"，分子b在数目上一般小于一百，如果分母、分子是阿拉伯数字，可以表示为"$\frac{b}{100}$"，也可以表示为"b%"，如"百分之二十四"表示为"24%"。

除了具有分数的一般用法，百分数还有一些用法较有特色：

第一，百分数的分子可以是小数，如：

（14）比一九八三年增加百分之三十五点六。

（15）我国三十年来邮电投资平均占国家基本建设总投资的百分之零点八左右。

在语料库中，这类例子很多。而非百分数分子不会出现小数，如一般不说"十分之三点六""九分之六点七"等。

第二，百分数的分子可以是概数表达，如：

（16）这里主要是用材林，百分之七八十是松树。

（17）中国的学生，即使都考一百分，也只有百分之四五进大学。

分母为"十"的也常见这种表达，如"十分之二三""十分之七八"等。

第三，有"百分之百""百分之二百"等假分数的形式，目的在于强调，如：

（18）全年生产计划的百分之百。

（19）超额百分之二百完成了团中央下达的任务。

（20）静载重完成了计划的百分之一百零九。

（21）她们将用百分之一百二十的力量和技术迎战中国队。

非百分数一般不这样表达，如一般不说"八分之八""十二分之十二"。

以上特点也决定了百分数比一般分数使用得更广泛，如表 15-1 显示，百分数用例最多，共 864 例，占 51.7%。

除百分数外，还有千分数、万分数和亿分数等，它们的分母分别是"千""万""亿"，表示为"千分之 b（b‰）""万分之 b（b‱）""亿分之 b（b%ooooo）"，一般用于数据比率较小的情况，它们的使用特点基本跟百分数一样，如：

（22）一个人的心理千分之九百九十九都是由人的生活条件决定的。

（23）差错率由万分之六点多下降到万分之一点一五。

（24）一克干植物组织含金量通常不超过亿分之一克。

百分数、千分数、万分数和亿分数中，位数词"百""千""万""亿"前有时也有"一"，但很少见，如：

（25）击中的机会的确只有一百分之一。

（26）我的笨笔写不出一万分之一二。

（27）原子的直径一般是一亿分之一厘米。

语料中还出现位数词前是其他数词语的情况，如：

（28）厚度只有五十万分之一厘米。

（29）竟然只能买到五十亿分之一两大米。

15.6 用"成"表分数

汉语的数词"一、二、三……十"可以出现在"成"前面表示分数，表示为

"X+成",意思是"十分之+X","一成"就是"十分之一","九成"就是"十分之九",如:

(30)年夜饭包间预订已超过八成。

(31)上座率高达九成。

(32)投资比去年同期增长三成半。

(33)一招一式都用足十成功力。

(34)这两件衣裳,连五成新都看不上了。

(35)占出口总值的七成。

"X+成"可以做宾语、定语、状语,前面也可以出现定语。如果做宾语,动词可以是"占、超过、增加、减少"等。

也有"X+成+Y"的说法,"Y"是"一、二、三……九"等数词,以"半、五"居多,一般是X比Y数目大,如:

(36)十天前的事情她已忘了九成半。

(37)比历史上最高产量还增长六成五。

(38)支持者由五成二上升到六成。

Y比X大的也有用例,如:

(39)黄豆增收了三成五。

(40)比去年增产五成六。

"九成半"就是"十分之九点五",即为"百分之九十五(95%)";"五成六"就是"十分之五点六",即为"百分之五十六(56%)"。

值得注意的是,"X""Y"都只能是汉字数字,不能是阿拉伯数字,如没有"4成""9成6"等说法。从词类上看,"成"可以看作量词。

15.7 习得概括与教学建议

HSK动态作文语料库中,分数表达共13例[①],其中使用正确的有6例,占46.2%,如:

---

① 通过输入"分"检索得到13例,如果输入"分之"则只检索到5例。

（41）据马来西亚教育部做出的估计，有<u>四分之二</u>的同性恋者……（马来西亚）

（42）因为汉语是占世界人口<u>五分之一</u>的人常用的语言。（韩国）

（43）但童年不过是我们生命中的<u>四分之一</u>。（德国）

使用不正确的有7例，占53.8%，全部列举如下：

（44）*而且比中国的<u>3分之一</u>就买到了。（日本）

（45）*还有<u>白分之100</u>对的东西，每个都自己本身的好处、坏处。（韩国）

（46）*包含我们日本、美国、法国、英国、独国等发达的国家占了世界上<u>5分之1</u>的食粮。（日本）

（47）*扔掉的东西有时候<u>两分子一</u>以上多。（韩国）

（48）?这样孩子一天会吃的是健康的孩子要吃的<u>几分之一</u>，真可悲。（日本）

（49）?得知因为差了<u>百份之一</u>分所以不能进心目中的大学。（英国）

（50）?今全世界人口的<u>五分之一</u>因缺少粮食吃而挨饿。（韩国）

例（44）～（46）用的是"分之"，应使用汉字数字，不能使用阿拉伯数字做分子或分母，使用阿拉伯数字违背了系统一致原则。例（47）"两"不能做分母，应使用"二"；"之"也误写成了"子"。此外，"多"也是多余的，而且分数一般不直接做谓语，前面可添加动词"有""占"等。例（48）"几"做分母一般用于问句。例（49）用小数"0.01分"会比用分数好，此外"分"误写成了"份"。例（50）分数最好做定语，即"世界人口的五分之一"可改为"世界五分之一的人口"。

由此看出，留学生作文分数表达使用不普遍，但问题较明显，教学时教师应提醒学生注意数字使用的一致性，即如果用"分之"，应使用汉字数字；如果使用"%、‰"等符号，则应使用阿拉伯数字。此外，教师要提醒学生注意分数表达的功能，它们一般不直接做谓语，常做"占""是""有""提高"等动词的宾语或补语；分数也常常做定语。

此外，HSK动态作文语料库中有3例"百分百"的说法：

（51）对对方的人品家世就算没有<u>百分百</u>的了解，也知道个七八十。（新加坡）

（52）以这种方式结合的人也一定能拥有<u>百分百</u>的完美幸福。（缅甸）

（53）因为世上没百分百完美的，就像我刚才提到的。（缅甸）

"百分百"即"百分之百"（参看《现代汉语词典》）。

16. 如何使用概数词"几"？

16.1 "几"表概数

"几"一般表示十以内的不确定的数目，试比较：

（1）a. 三十几

　　b. *三千几、三千零几

"几"既可以表示数目，也可以用来询问数目，回答的可以是确数，也可以是概数，试比较：

（2）A：来了几个人？

　　B1：来了几个。

　　B2：来了五个。

例（2B1）中对应的"几"是概数，例（2B2）中对应的"五"是确数。下面探讨"几"的概数用法。

16.2 "几"后接位数词

"几"后面可接位数词，构成简单系位构造，如：

（3）?几、几十、几百、几万、几亿

（4）二十几、三百二十几、九万零六十几

例（3）中的"?几"和例（4）中的三个"几"后的是个位。"几"一般不单说单用。

"几"和"十、百、千、万"等位数词构成的简单系位构造可以单说，也可以充当复杂系位构造的系数部分，如：

（5）a. 几百、几万

b.［几百］万、［几万］亿

如果"几"后是个位，它可以充当系位组合的末项，如果中间有缺项，要用"零"补位，如：

（6）a. 三十几、五万零二十几

　　b. *五千几、五百零几

如果"几"后的位数词是"十""百""千""万""亿"等，它们构成的简单系位构造一般不再与其他数词结构构成系位组合，如：

（7）a. *几百三十二

　　b. *三万几千六百零四

　　c. *五百几十

例（7a）"几百"在系位组合的首项，例（7b）"几千"在系位组合的中间项，例（7c）"几十"在系位组合的末项。

16.3 "几"后接量词

"几"后面可以接各种量词，构成数量短语，数量短语可以做定语、补语等，如：

（8）我们感到应着重抓好以下几个方面的工作。

（9）家属和孩子们经过几天的行程，来到了这里。

（10）何大夫，你寄来的书和信我连看了几遍。

（11）几番被打，两次被烧，他表现了忠贞不屈的英雄气节。

（12）对工业生产的不同看法，概括起来主要有以下几种。

例（8）"几"后面是个体量词"个"，"几个"做定语。例（9）"几"后面是准量词"天"，"几天"做定语。例（10）"几"后面是动量词"遍"，"几遍"做补语。例（11）"几"后面是动量词"番"，"几番"做状语。例（12）"几"后面是种类量词"种"，"几种"做宾语中心语。

由"几"构成的数词结构后面一般也要接各种量词，如：

（13）水兵们每天要在风浪中颠簸十几个小时。

（14）讲稿写了十几张。

"几"或由"几"构成的数词结构一般很少直接置于名词前,不过"人"是个例外,如既有"几人""十几人"的说法,也有"几个人""十几个人"的说法,如:

(15) a. 一听说我们不租马了,这几个人就不高兴了。

b. 我们同行几人,除"模范人物"自去坐轿外,其余的都骑驴。

(16) a. 跟随唱的人慢慢减少了,最后只剩下几十人,十几人。

b. 听到喊声,立刻就有十几个人从自己家里冲出。

在"语料库在线"中,"几"带量词"个"的用例数(278例)远远多于不带量词"个"的用例数(29例),这显示,"几"或由"几"构成的数词结构以带量词为常。

16.4 "几"与"好几"

"好几"可以看作是对"几"的强调,两者用法基本相同,可以后接位数词构成简单系位构造,也可以接量词,接了位数词后还可以再接量词,如:

(17) 二十好几的人了,还没人给提个亲,我心里急得慌。

(18) 音名因高低的不同,可以有好几十个。

(19) 象的头更沉重,连同牙齿,有好几百公斤。

(20) 工作岗位调换了好几次。

(21) 春香在《牡丹亭》里也有好几出戏。

例(17)~(19)"好几"置于个位、十位和百位前,例(20)~(21)"好几"置于量词前。"好几次"做补语,"好几出"做定语。例(18)、例(19)"好几"后接位数词后再接量词"个""公斤"。

不过"几"和"好几"也存在不少差异:

首先,"几"可以出现在系位组合的末项(后面是个位),而"好几"一般不可以,试比较:

(22) a. 三十几、[?]三十好几

b. 三百零几、*三百零好几

其次,"好几"与位数词组合时,不如"几"自由。"好几"一般跟位数词构

成简单系位构造,当该简单系位构造构成系位组合时,该系位组合一般由两个简单系位构造组成,而"几"没有这些限制,试比较:

(23) 三千五百六十<u>几</u>、[?]三千五百六十<u>好几</u>

(24) 三千五百六十<u>几</u>亿、[*]三千五百六十<u>好几</u>亿

再次,"几"可以用于询问数目,"好几"不能用于询问数目。

最后,"好几"一般不能构成分数表达、小数表达,而"几"可以,试比较:

(25) a. <u>几</u>分之一、[*]<u>好几</u>分之一

　　　b. 百分之<u>几</u>、[*]百分之<u>好几</u>

　　　c. <u>几</u>分之<u>几</u>、[*]<u>好几</u>分之<u>好几</u>

(26) 零点<u>几</u>个毫米、[*]零点<u>好几</u>个毫米

不过,"好几"和"几"都可以构成倍数表达,如"好几倍""好几十倍",但"五十好几倍"接受性不如"五十几倍"。

正是因为"好几"受到的限制比"几"多,所以两者的使用频率也存在差异,如在"语料库在线"中,"几"的用例有 15807 例,"好几"的有 625 例,"几"的用例是"好几"的 25 倍多。

16.5　习得概况与教学建议

在 HSK 动态作文语料库中,"几"的用例有 1860 条,其中,"几"为概数词的有 1827 条,占 98.2%。由此看出,留学生作文绝大多数将"几"看作概数词,下面专门探讨概数词"几"。

概数词"几"的使用相对集中,如"几天"的用例有 294 条,"几年"的有 232 条,"几个"的有 518 条,三者共 1044 条,占概数词"几"的用例的 57.8%。

在留学生作文中"几"使用不正确的用例有 98 条,只占 5.4%。由此可见,留学生作文中"几"的使用基本正确。"几"使用不正确的情况主要有以下几类:

第一类,"几"后缺少量词,如:

(27) [*]但我认为相识的方式需在<u>几人</u>大前提下产生。(新加坡)

(28) [*]我这来应考这中文水平考试,是得到<u>几朋友</u>的鼓厉和支持下。(澳大利亚)

（29）*所以我们幾兄弟才能有所小成。（新加坡）

例（27）"几"后可以加"个"。例（28）"几"后可以加"个"或"位"。例（29）标注者在"几"（幾）后加了"个"。语料中，"几"后未出现量词的用例有26例，占不正确用例的26.5%。

第二类，"几"后量词使用不当，如：

（30）*后来也在几间其他的旅游公司担任经理和总经理一职。（新加坡）

（31）*如果她发现我在要喝她做的汤而加上几撮盐，就这样劝告。（日本）

（32）*如果你抽烟的话，一天抽几个烟？（韩国）

例（30）"间"可以改为"家"。例（31）"撮"标注者改为了"捏"，笔者认为改为"撮"可能更好。例（32）标注者改为了"根"，也可以改为"支"。语料中，"几"后量词使用不当的用例有31例，占不正确用例的31.6%。

第三类，"几"和其他词语重复或矛盾，如：

（33）*我只知道"Thank you"、"Hello"这些几句。（日本）

（34）*孩子长大了三、四岁时，懂一点几事情、生活上的办法。（日本）

（35）*而是在日本就有个别几个人还在听。（日本）

（36）*可是我想说几句话我的看法。（韩国）

例（33）"些"和"几"重复。例（34）"一点"和"几"重复（"几"也可能是"儿"）。例（35）"个别"和"几个"重复。例（36）可以看作有两个宾语（"几句话""我的看法"），可以把"话"删去。语料中，"几"与其他词语重复或矛盾的用例有11例，占11.2%。

第四类，"几"字写错，如：

（37）*这项规定会引起机种好处。（韩国）

（38）*需要及方面的因素相结合，共同发挥作用。（韩国）

（39）*九夫以后他回到中国去。（韩国）

例（37）、例（38）是由同音字或近音字造成的错字。例（39）是由形近字造成的错字，实为"几天"。语料中，"几"写错的用例有8例，占8.2%。

第五类，其他错误，如：

（40）*但是实际上，现代社会中，有几个家庭里的情况有所变化。（日本）

（41）*因为这世界上还有<u>亿</u>人因缺少粮食而挨饿。（韩国）

（42）*总是<u>先几天</u>垂头丧气，没精神。（日本）

（43）*比如，建立<u>好几个</u>咨询所，以帮助两者之间解决问题或互相了解。（韩国）

（44）*我感到的、回忆起来的<u>几个点</u>。（韩国）

（45）*例如在晚间阅读<u>三几</u>页。（印度尼西亚）

（46）*可是最近我的生活太忙没有空，所以只听一天 <u>10 几</u>分钟。（韩国）

（47）*比如说，从 20 岁以来，我<u>几次</u>去过海外的国家。（韩国）

例（40）"几个"标注者改为了"一些"，"几"表示的数目较少。例（41）"亿"前缺"几"。例（42）"先几天"应改为"头几天"。例（43）"好几个"应该是"几个"，强调意味不明显。例（44）"点"是量词，不需再加量词"个"。例（45）只有"三四""三五"的说法。例（46）阿拉伯数字"10"和汉字数字"几"组合，违背了系统一致原则，可改为"十几"。例（47）"几次"应该做补语，而不是状语，可以改为"去过几次海外的国家"。语料中，这类"几"的用例共 22 例，占 22.4%。这类"几"规律性不强，但很复杂，需要特别注意。

由上面的分析可以看出，虽然留学生作文中"几"的使用基本正确，但也有一些用例使用不正确，这主要跟量词有关（约占 60%）。教学时教师要强调"几"是数词，它后面一般要用量词，还要提醒学生注意那些常跟非常用名词（包括抽象名词）搭配的量词。此外，教师还要提醒学生注意"几"表示的数目较小，不能用于表较大数目的场合，也不宜与其他表数目小的词语共现，同时提醒学生积累由"几"构成的常用词语（如"近几年""前几年""最近几年""几个月""几个方面"等）。

17. 如何使用"几""多少""若干"表概数?

17.1 "几"和"多少"

"几"和"多少"都可以置于量词前,都是数词,而且两者都可以用于询问数目和表示不确定的数目,如:

(1) a. 来了<u>几</u>个人?

　　b. 来了<u>多少</u>人?

(2) a. 来了<u>多少</u>就算<u>多少</u>。

　　b. 来了<u>几</u>个就算<u>几</u>个。

例(1)中的"几"和"多少"用于询问数目。例(2)中的"几"和"多少"表示不确定的数目。

"几"和"多少"也存在不少差异:

第一,"几"一般不单说,要接量词(表示为"几+量"),"多少"可以单说,如例(2)。但"几+量"的独立性强于"多少",它可以独立表概数,也可以用于询问数目。"多少"表概数时(非询问数目),一般不单说,要几个"多少"前后搭配着说,或受否定成分限制,或表强烈感情,试比较:

(3) a. 来了<u>几</u>个。

　　b. 来了<u>几</u>个?

(4) a. *来了<u>多少</u>。

　　b. 来了<u>多少</u>?

　　c. 有<u>多少</u>人,准备<u>多少</u>工具。

　　d. 没来<u>多少</u>。

　　e. 你看,这次来了<u>多少</u>人!

例(3a)中的"几"表不确定数目,例(3b)中的"几"用于询问数目。例(4a)中的"多少"表不确定数目,一般不说;例(4b)中的"多少"用于询问数目，可以单说；例（4c）是两个"多少"前后搭配；例（4d）中的"多少"受否定词"没"限制；例（4e）是感叹句。后三例的"多少"表不确定的数目。

第二，"几"可以和位数词构成简单系位构造，如"几十""几千"等；也可以置于系位组合的末项（后面是个位），如"三十几"，但它们一般用于表示不确定的数目，不能用于询问数目，试比较：

（5）a. 来了十几人。

　　b. #来了十几人？

例（5b）可用于反问句，不是询问具体的数目。

"多少"不能置于位数词"十"前（如"多少十"），但可以置于位数词"百""千""万""亿"等前（如"多少万"）；"多少"不能置于系位组合的末项（如"二十多少"）。"多少千""多少万"等可以用于询问数目，在一定条件下也可以表示不确定数目，如：

（6）a. 买了多少百本书？

　　b. 多少万也买不来。

第三，除了少数常用名词（如"人、家"）外，"几"一般要接量词后再接名词，而"多少"既可以后接量词后再接名词，也可以直接接名词，试比较：

（7）a. 买了几本书？

　　b. *买了几书？

（8）a. 买了多少本书？

　　b. 买了多少书？

第四，"几"询问的是 10 以内的数目或说话者认为较少的数目，而"多少"询问的数目不确定，既可以多，也可以少，试比较：

（9）A：今天初几？

　　B1：今天初十。

　　B2：#今天二十一。

（10）A：去了多少天？

　　B1：只去了一天。

　　B2：整整 30 天。

一般认为，前缀"初-"后的数词小于10，因而"初几"的"几"只能是10以内的数。此外，"几十""几百""几千"和"十几"的用法也显示，"几"表示10以内的数。

有文献认为"多少"既可以指代具体的东西，也可以指代抽象的事物，如"帮助、支持、关心、心血、精力"等，"几"一般只能指代具体的东西（赵新、李英，2009）。笔者认为，"几"也可以与抽象名词搭配，如：

（11）这一时期的理论研究主要表现出如下几个特点。

（12）我们主要介绍几种影响较大的关于人的发展的理论。

（13）以下是几个值得运用的启发式教学原则。

（14）就要先了解客户有哪几种对外付款方式。

"特点""理论""原则""方式"等都是典型的抽象名词。

此外，"多少"还可以置于动词前做状语，常与"一点儿""有点儿""一些"搭配，表示"或多或少、稍微"的意思，此时读作"duōshǎo"，而"几"没有这种用法，试比较：

（15）a. 身体要紧，还是多少喝一点儿粥吧。

　　　b. *身体要紧，还是几喝一点儿粥吧。

（16）a. 这句话多少有点儿道理。

　　　b. *这句话几有点儿道理。

最后谈谈"几"和"多少"的词类，先看表不确定数目和询问数目两种用法所对应的词类，对此，学界看法并不完全一致，常用辞书的处理也不一样。表17-1是《现代汉语词典》和《现代汉语八百词》的处理。

表17-1　两种辞书对"多少"和"几"的词类处理

词语	义项	《现代汉语词典》	《现代汉语八百词》
多少	询问数目	疑问代词	代词
	表不确定数目	疑问代词	代词
几	询问数目	疑问代词	数词
	表不确定数目	数词	数词

虽然两种辞书的处理都有一定的道理，但全面分析的话，它们都不太妥当。笔者认为，无论是"几"还是"多少"，它们后面都可以接量词，因而它们都可以看作数词，特别是"几"，一般要接量词，是典型的数词，而且由于它置于位数词前，因而是系数词。同时，由于它们有替代数词的功能，因而可以看作代词（代数词）。由于它们可以用于询问数目，因而又可以叫作疑问代词，至于表不确定数目的功能，可以看作疑问代词的非疑问用法。因此，笔者认为，"几"和"多少"的用法和词类是一致的，可以将它统一处理为数词兼疑问代词。

下面看做状语的"多少"的词类，《现代汉语词典》和《现代汉语八百词》都看作副词。考虑到这种用法，与表示不确定数目和询问数目的两种用法，语音不同（"多少"做状语时，读作"duōshǎo"；表示不确定数目和询问数目时，读作"duō·shao"），这样处理是合理的。如果语音上无差别，统一看作数词或疑问代词也是可以的。

17.2 "几"和"若干"

同"几"和"多少"一样，"若干"既可以询问数目，也可以表示数目，询问的数目可以是确数，也可以是概数；答的数目是概数，它表示的数目不多，跟"几""多少"差不多。这里重点探讨其概数用法，而且将之与"几"进行比较。

"若干"可以置于位数词前，也可以置于量词前，如：

（17）科学家给我们介绍古代的情况，一般都爱说在<u>若干亿万年</u>以前。

（18）《维也纳外交关系公约》仅确定了<u>若干条</u>原则性的规定。

因此，"若干"可以看作数词，从语法功能角度来看，是系数词；从意义角度来看，是概数词。

与"几"相比，"若干"也有一些独特之处：

第一，"若干"一般只能跟位数词"万""亿"组合，而"几"可以跟"十""百""千"等位数词组合，试比较：

（19）a. <u>几十</u>、<u>几百</u>、<u>几千</u>、<u>几万</u>、<u>几亿</u>

b. *<u>若干十</u>、*<u>若干百</u>、*<u>若干千</u>、<u>若干万</u>、<u>若干亿</u>

（20）为此，国家一年就要补贴若干亿元。

（21）如果把细胞放在能放大若干万倍的电子显微镜下观察，还可以看清楚各种更微细的结构。

当"若干"后接位数词"万""亿"的时候，其后面一般还要接量词。由于"若干"后只能接位数词"万""亿"，它不像"几"一样是典型的系数词，也不像"几"一样可以构成系位组合、复杂系位构造等数词结构。

第二，"若干"可以独立使用或直接接名词，而"几"一般要接量词（少数名词除外），试比较：

（22）a. 此外，还在木质人像上，拴线条若干，作为生者同死者断绝关系的象征。

b. *此外，还在木质人像上，拴线条几，作为生者同死者断绝关系的象征。

（23）a. 皮亚杰把儿童思维发展分为若干阶段。

b. *皮亚杰把儿童思维发展分为几阶段。

c. 皮亚杰把儿童思维发展分为几个阶段。

（24）a. 一个词可包括若干语法形式。

b. *一个词可包括几语法形式。

c. 一个词可包括几种语法形式。

当然，"若干"后也可以接量词，如：

（25）为了学好植物生理学，首先要学习若干门基础课程。

（26）过了若干年，他们又把指南针传入欧洲。

（27）一个韵可能包含若干个韵母。

在"语料库在线"中，"若干"有639个用例，其中"若干"后接量词的用例有210例，占32.9%。由此看出，"若干"以不接量词为常，"若干"后的量词类别多样，主要有"年、个、种、条、次、日"等。前文指出，在"语料库在线"中，"几个人"（278例）的用例数远远多于"几人"（29例），而语料中只见"若干人"的用例（28例），不见"若干个人"的用例。这进一步证实，"几"以接量词为常，而"若干"以不接量词为常。

第三，"若干"主要用于书面语，常做标题，而"几"主要用于口语，如：

（28）此外，在敦诚挽雪芹诗中尚有<u>若干</u>与其卒年有关之点，亦有加以阐明的必要。

（29）《民族语文工作中<u>若干</u>认识问题》较多着眼于语言结构本身。

以上两例中的"若干"都不能换成"几"。

18. 如何使用"许多""好多""好些"表概数？

18.1 词类

"许多""好多"和"好些"三个词都被《现代汉语词典》收为词条[①]：

【许多】数 很多：许多东西｜我们有许多年没见面了｜菊花有许许多多的品种。

【好多】❶ 数 许多：好多人｜好多东西｜好多位同志。❷〈方〉代 疑问代词。多少（问数量）：今天到会的人有好多？

【好些】数 许多：他在这里工作好些年了。

由此看出，三个词是同义词。

"许多""好多"和"好些"都可以表示数目，而且表示的数目比较大。它们可以接量词，也可以接位数词，如：

（1）但在我，却有<u>好些</u>个季节，不曾具有这种情调了。

（2）地球已经存在有<u>许多</u>亿年了，当然它也有一个稳定的静止月球卫星。

（3）这样一种认识和实践的飞跃，可能花上了<u>好多</u>万年的时间。

因此，可以把它们看作数词，由于它们表示的数目是不确定的，因而可以看作概数词。

"许多"和"好多"都可以接位数词"万""亿"，因而它们又具有系数词的

---

① 为便于分析，这里做了一些调整，下同。

特点，不过，这种用法的用例数量少[①]，而且它们只接大位数词，因而又不是典型的系数词。"好些"不能接位数词，因而不是系数词。

18.2 语法功能

"许多""好多"和"好些"功能也很接近，主要有：

第一，后面接名词，如：

（4）青年的欢歌笑语吸引了<u>许多</u>游客。

（5）她一口气说了<u>好多</u>名字。

（6）<u>好些</u>人都围着议论。

这些概数词都做定语。有的名词前面可以出现"的"，如：

（7）北京呢，大街小巷有<u>许多</u>的茶馆。

（8）浑身失掉了<u>好多</u>的气力。

在语料库中，笔者未发现"好些"后加"的"再加名词的情况。

第二，后面接量词，如：

（9）初学者在水中要练习<u>许多</u>次才能慢慢地掌握呼吸的方法。

（10）他看过<u>好多</u>次这张照片了。

（11）他俩<u>好些</u>天没回家，那天一块儿回来了。

不过，虽然三个词都可以后接量词，但出现频率不一样，在"语料库在线"中，"许多"后接量词的比例是1.9%（37/2000[②]），量词主要有：年（13例）、次（5例）、天（3例）、种（3例）、个（3例）、倍（2例）、条（2例）。"好多"后接量词的比例是28.6%（76/266），量词主要有：年（17例）、天（13例）、次（12例）、种（5例）、倍（3例）、个（3例）。"好些"后接量词的比例是7.9%（16/203），量词主要有：个（7例）、年（3例）、天（3例）、种（2例）。由此可见，"好多"后接量词的比例最高，接近三分之一，而"许多"后接量词的比例最低，不到2%。

[①] 如在"语料库在线"中，"许多"后接位数词的只有两例，而且只见"好多亿"的用例；"好多"后接位数词的有一例，是"好多万"的用例。

[②] "许多"用例较多，这里选取前2000条做穷尽分析。

但从所接量词来看，三者又有很大的共同点，它们所接的量词比较集中，大多是准量词（年、天、倍）或动量词（次）。此外，"好些"后跟量词"个"的用例占"好些"后跟量词用例的43.8%，"好些个"有凝固的倾向。

由于它们后接的量词主要是准量词或动量词，后面一般不再接名词，它们构成的数量短语主要做状语或补语，如例（9）"许多次"和例（10）"好多次"做补语，例（11）"好些天"做状语。

当然，"许多、好多、好些"后面也可以接个体量词、种类量词等，后面还可以再接名词，如：

（12）人的创造力是许多种心理品质和心理能力的综合。

（13）我们地球上有好多种语言。

（14）但在我，却有好些个季节，不曾具有这种情调了。

这些数量短语做定语，修饰后面的名词。

第三，构成重叠形式，有两种形式，一种重叠形式是"AABB"，如：

（15）历史上流传着许许多多扣动人心的故事。

（16）在很久很久以前，大地妈妈生下了许许多多的花孩子。

语料中只见"许许多多"的用例，共167例，占所有"许多"用例（6564例）的2.5%。未见"好好多多""好好些些"的用例。

另一种重叠形式是"ABAB"，如：

（17）类似这样的例子还有许多许多。

（18）牛万林想了好多好多，最终还是不十分清楚。

在语料库中，"许多""好多"都有这种重叠形式，"好些"没有这种形式。"许多许多"的用例共20例，占所有"许多"用例的0.3%。"好多好多"的用例共21例，占所有"好多"用例的7.9%。由此可见，"好多"比"许多"更倾向于采用"ABAB"的重叠形式。

重叠形式可以做定语、宾语或补语，如例（15）"许许多多"做定语，例（17）"许多许多"和例（18）"好多好多"做宾语。

第四，单独做成分，后面既不接名词，也不接量词，如：

（19）和前一家相比，生意显然清冷了许多。

（20）火的用途有<u>好多</u>，家常日用，火的功劳很大。

（21）<u>好些</u>还洒落在她的鼻子、唇上。

例（19）"许多"做补语，例（20）"好多"做宾语，例（21）"好些"做主语。不过，相比较而言，"许多""好多"可以做较多成分，"好些"一般不做宾语或补语[①]。

通过上面的分析可以看出，"许多""好多""好些"虽然都表概数，表示数目大，它们的功能有很多相同的地方，但也存在不少差异。一个差异是后接量词的情况，"好多"比"好些""许多"更倾向于接量词。由此看出，相比较而言，"好多"更具数词的特点，而其他两个词，特别是"许多"更具数量词的特点。另一个差异是重叠形式，"许多"有两种重叠形式，但以"许许多多"为主，"好多"只有一种重叠形式（"好多好多"），而"好些"没有重叠形式。

18.3　习得概况与教学建议

在 HSK 动态作文语料库中，"许多""好多"和"好些"的使用频率相差很大，"许多"是 1258 例，"好多"是 353 例（其中数词 244 例，形容词性短语 109 例），"好些"是 23 例（其中数词 8 例，形容词性短语 15 例）。而上文指出，在语料库在线中，"好多"有 266 例，"好些"有 203 例，两者相差不大。由此看出，留学生不太喜欢使用"好些"。

从偏误的角度看，数词"好些"没什么偏误。数词"好多"有 7 例偏误，主要是后面修饰的名词性成分带了复数标记"们"的情况，如：

（22）*再说，如果<u>好多</u>女孩子们喜欢一个男孩儿，那么……人多了，反而没有水喝了！（希腊）

（23）*所以我爸认识的人很多，在我的<u>好多</u>乡亲们都认识我爸爸。（日本）

（24）*我有<u>好多</u>朋友们。（新加坡）

标注者也指出，例（23）、例（24）的"们"是错误的。

[①] 有些"好些"可以做谓语或补语，如"否则还是站远一点儿好些""大家都富裕了一些，都想吃得好些"，这些"好些"应看作"好一些"的省略，是形容词性短语，不是这里讲的概数词。此外，"好多"也可以是形容词性短语，如"父母都说现在的环境比以前好多了"。

数词"许多"使用偏误的用例有 13 例，主要有两类：

一类是其修饰的名词性成分后面带复数标记"们"，有 10 例，如：

（25）*现在<u>许多</u>人<u>们</u>都想买绿色食品给家人吃。（韩国）

（26）*可是一到补习班，就能见到<u>许多</u>"同志<u>们</u>"。（日本）

另一类是"许多"做谓语，共 3 例，如：

（27）*最近有了很多问题，不就业，不上学，违法的年轻人<u>许多</u>。（日本）

（28）*我还要写的<u>许多许多</u>，但写起来没完没了，所以这次写到这儿吧。（日本）

可以在"许多""许多许多"前加"有"。

由此看出，"许多""好多"的使用偏误都较少，而且主要是与"们"共现的问题，教学时教师要对此加以强调。

不过值得注意的是，虽然"许多""好多""好些"偏误很少，但由于它们是同义词，而在实际使用中三者也存在不少差异，特别是接量词和重叠的情况，因而教学时，教师有必要对这些差异加以说明。此外，"好多""好些"可以构成形容词性短语的用法，教师也可以适当提醒[①]。

19. 如何连用数字表概数？

19.1　类型及用法

数字连用表示概数是汉语表示概数的重要方法。连用的数字可以是位数词，如"千百""亿万"等，也可以是系数词，如"七八""三五"等。这里我们只探讨系数词连用表概数的情况，"一"到"九"（包括"两"）这十个系数词中邻近的两个连用都可以表示概数，它们可以分为三类：

（1）a. 一二、一两、二三、两三、三四、四五、五六、六七、七八、八九

[①] 此外教师还要提醒学生"好多""好些"处于句末做谓语时一般要添加"了"，在语料库中，不加"了"的偏误用例不少。

b. 三五

c. 三两

例（1a）是两个相邻数字连用，而且数目小的在前，数目大的在后。例（1b）是"三"和"五"相连。例（1c）是两个相邻数词相连，但数目大的在前，数目小的在后。第一类有十种形式，后面两类都只有一种形式。第二类的"三""五"虽不相邻，但两者只相隔一个数字，因此这三类都可以看作邻近数字连用。

邻近数字连用表示概数，可以看作概数表达。它们可以置于位数词前构成复杂系位构造，不过置于个位前时接受度不太好（特别是单说单用时），如：

（2）[?]三四、[?]二十四五、六七万、八九百亿

邻近数字连用的概数表达常置于量词前，也可以构成倍数表达、分数表达，如：

（3）那边还有<u>四五</u>个西瓜。

（4）这一次的梯数比前一次多<u>四五</u>倍。

（5）不过比往年少了十分之<u>二三</u>。

（6）常年互助组在陕西老区已经占了互助组的百分之<u>三四</u>十。

值得注意的是，这种概数表达用于分数时，只做分子，不做分母，因而并没有"三四十分之五""五六百分之十二"等说法。以下小数表达中的邻近数字连用不是概数表达：

（7）增加了一点<u>三四</u>倍。

（8）我国每人平均占用耕地只有一点<u>五六</u>亩。

"一点三四倍"是指"1.34倍"，"一点五六亩"是指"1.56亩"。

值得注意的是，书面上，邻近数字连用表概数有两点要注意：第一，数词必须用汉字数字，不能用阿拉伯数字；第二，两个数字之间不用顿号、逗号等标点符号隔开。因而，像"2、3年""三、四百人"之类的表达都是不规范的[①]。例（7）"一点三四倍"可以写成"1.34倍"，例（8）"一点五六亩"可以写成

---

① 参见《出版物上数字用法》。《出版物上数字用法》《标点符号用法》等都收录在《标点符号、数字、拼音用法标准》中。

"1.56亩",这也证明小数表达中的邻近数字连用不是概数表达。

19.2 "一二"和"一两"

"二"和"两"都表示数目"2",所以,"一二"有时候会说成"一两","二三"有时候会说成"两三"。

"一二""一两"用法接近,不过"一二"主要用于书面语,"一两"主要用于口语。此外,"一二"可以做宾语或补语,也可以直接接名词,"一两"未见这样的用法,试比较:

(9) a. 略述<u>一二</u>

　　b. *略述<u>一两</u>

　　c. 略述<u>一两</u>件、略述<u>一两</u>点

(10) a. 取出<u>一二</u>精品来让我观摩

　　b. *<u>一两</u>精品

　　c. <u>一两</u>本精品、<u>一两</u>件精品

"一两"后一般要接量词,这也跟"两"后一般要接量词有关。

在"语料库在线"中,"一两"有320例,"一二"有152例,"一两"更常见。

19.3 "二三""两三"和"三两"

19.3.1 "二三"和"两三"

"二三"主要用于书面语,"两三"主要用于口语,试比较:

(11) a. 记临漳县委书记蔡成功端正党风<u>二三</u>事

　　b. *记临漳县委书记蔡成功端正党风<u>两三</u>事

　　c. ?记临漳县委书记蔡成功端正党风<u>二三</u>件事

在"语料库在线"中,"二三"出现174例,"两三"出现259例,这显示"两三"比"二三"更常用,这与"一二""一两"形成鲜明对比。

与使用频率相关,"两三"的用法也比"二三"更丰富。以下"两三"都不太适合换成"二三":

（12）a. 他两三天就回来。

　　　b. ?他二三天就回来。

（13）a. 他看了两三眼。

　　　b. ?他看了二三眼。

（14）a. 说了两三句同情的话。

　　　b. ?说了二三句同情的话。

这也跟"两三"主要用于口语，"二三"主要用于书面语有关，此外，跟"二"后一般不接量词也有关。

不过，做分数表达的分子时，只能用"二三"，不能用"两三"，试比较：

（15）a. 十分之二三

　　　b. *十分之两三

此外，"二三"和"两三"后接位数词的表现也很不一样，表19-1是"语料库在线"的检索结果。

表 19-1　"二三""两三"后接位数词的情况

词语	十	百	千	万	亿	总计
二三	63	23	6	2	0	94
两三	0	4	8	2	0	14

由此看出，"二三"后接位数词的用例差不多是"两三"的七倍。而且，"两三"后面不能跟位数词"十"，但"二三"可以，且很常见，这大概与"两"后一般不跟"十"有关。

19.3.2　"三两"与"两三"

"三两"也是相邻数词连用，而且是按数目由大到小的顺序排列，"三两"也可以表示概数，如：

（16）希望能在三两年内办齐。

（17）三两下清扫完地面，然后一字形靠墙坐下。

"三两"和"两三"意思接近，但"三两"不如"两三"常见，如在"语料库在线"中,"两三"的用例有259例,"三两"的用例只有25例(不包括"三三两两"的用例,"三三两两"有25例),前者是后者的10倍多。

"三两"可以重叠,可以做定语、状语或谓语中心语,如:

(18)人们在三三两两、交头接耳地谈论。

(19)他站在门前望,见那邻家的小孩,三三两两,背着书包,蹦蹦跳跳地去上学。

在"语料库在线"中,"三三两两"的用例有25例。"两三"不可以重叠。

19.4 "三五"

非相邻系数词连用只限于"三五"。在"语料库在线"中,"三五"的用例共有114例,"三五"主要用于表示时间和人的数目,如:

(20)顶多过不了三五天。

(21)偶尔有三五个人在渠边抽水、灌地。

(22)最多也不过三五人而已。

在"语料库在线"中,"三四"的用例共235例,"四五"的用例共245例,无论是使用频率还是用法都比"三五"丰富,"三五"的使用并不是很普遍。

20. 如何使用"成""上"表概数?

20.1 含义与词类

汉语可以通过在数词语前添加一些词语来表示概数,"成""上"就是这类词语,它们可以添加在位数词前,试比较:

(1)a. 台下成千号人的喧嚣,截断了她的"报告"。

b. 一千号人

(2)a. 这里农家养牛已有上百年历史。

b. 一百年历史

"一千""一百"是确数。"成千"的意思是达到一千，可以超过一千；"上百"的意思是达到一百，可以超过一百，因而可以看作概数表达。下面将"成千""上百"这类概数表达分别称为"成+X""上+X"。

《现代汉语词典》收录了"成""上"的这种用法：

【成】：动表示达到一个单位（强调数量多或时间长）：成批生产｜成千成万｜成年累月｜水果成箱买便宜。

【上】：动达到；够（一定数量或程度）：上百人｜上年纪｜上档次。

《现代汉语词典》将"成""上"看作动词，这样处理比较合理，特别是"上"和有些名词语之间可以添加时体成分，如"上了一百人""上了年纪"等。

"成""上"不可以单说，也不可以置于位数词后，这与系数词完全不同，试比较：

(3) a. #成、三；#上、九
　　b. 二十三、*二十成；三百五、*三百上

因而，不宜将它们看作数词。

20.2　成

20.2.1　"成"的用法

"成"可以出现在位数词、量词以及由位数词和量词构成的数量短语前，表示达到一定数目。

首先，"成"可以出现在位数词"百""千""万""亿"前，位数词前不能出现系数词。"成"一般不出现在位数词"十"前。"成"也不能出现在系数词前，如：

(4) a. *成十、成百、成千、成万、成亿
　　b. *成二十、*成五百、*成九千、*成八万、*成三亿
　　c. *成五、*成九

在"语料库在线"中，"成"后的位数词最多的是"千"（158例），其次是"百"（34例），再次是"万"（21例），最少的是"亿"（2例）。

其次,"成"可以直接出现在一些量词前,这类量词主要有:

(5) i. 个体量词:卷

　　 ii. 部分量词:团、片

　　 iii. 集合量词:排、篇、套、堆

　　 iv. 容器量词:箱、筐、瓶

　　 v. 标准量词:斤、吨

　　 vi. 准量词:车、车皮、年、倍

如:

(6) 成团成片地覆盖着陡峭的山坡。

(7) 分明是不愿意听信子姑娘成篇成套的演讲……

(8) 积累了成箱成箱的学术资料。

(9) 农业生产即可成倍增长。

集合量词和标准量词相对多一些。"成"和量词常常重复或成对出现,如上例的"成箱成箱""成团成片"等。

再次,"成"可以置于由位数词和量词构成的数量短语之前,此时位数词可以是"十",如:

(10) 这种教育事业成倍、成十倍、成百倍发展的速度。

(11) 可能解放出几千万个甚至成亿个劳动力来。

"成"后直接接量词较受限制,但如果"成"后接了位数词,则其后的量词比较多样,试比较:

(12) a. 成百辆汽车、*成辆汽车

　　　b. 成百只蝴蝶、*成只蝴蝶、

　　　c. 成千上万个企业、*成个企业

　　　d. 成千上万架飞机、*成架飞机

最后,"成"后可以接两个位数词的组合,如"百万""千万"(未见"十万"):

(13) 职工人数已经成百万、成千万地增加。

(14) 短短两三年间有成千万的人蜂拥而至。

这类用例很少,"语料库在线"中只有五例。

20.2.2 "成+X"的意义

由"成"构成的概数在意义上一般表示量大，主要表现有：第一，"成"后面只能跟位数词（而且一般是大于"十"的位数词），而不能是系数词；第二，"成"后面的量词，一般表大量或多量，表示小量或少量的量词一般不能置于"成"后，试比较：

(15) a. 成吨的垃圾、*成两的牛奶
  b. 成箱的书、*成碟的菜
  c. 成套的书、?成本的书

20.2.3 "成+X"的用法

"成+X"一般不独立使用，它一般做定语或状语，最常见的是与其他词语构成并列结构，再做定语或状语，意义上表大量，如：

(16) 附近也跑来了成千成百的人。
(17) 它召唤来了成千上万的建设者。
(18) 被成排成行的白杨、刺槐、柿树卫护着。
(19) 积累了成箱成箱的学术资料。
(20) 山脚边的崖石，叫浪花成年累月地扑击，变成了石榴皮反转模样的"鸡啄崖"。

在"语料库在线"中，"成"后接位数词（百、千、万）时，基本是两种结构并列出现。如"成千"的用例有 151 例（占 95.6%）构成并列结构，其中"成千上万"有 118 例（占 75.0%），"成千成万"有 17 例（占 10.8%），其他如"成千上百"有 3 例、"成百成千"有 1 例；再如"成百"的用例有 20 例（占 58.8%）构成并列结构，其中"成百上千"有 13 例、"成百成千"有 1 例等；"成万"的用例有 20 例（占 95%）构成并列结构，其中"成千成万"有 17 例、"成万上亿"有 1 例等。由此看出，当位数词为"千""万"时，"成+X"有 95% 以上的用例构成并列结构，当位数词为"百"时，也有近 60% 的用例构成并列结构。

20.3 上

"上"也像"成"一样可以置于位数词前构成概数表达,位数词一般只限于"百、千、万、亿"(位数词前不能出现系数词),主要用于表示数目大。"上"不能用于系数词前表示概数。

概数表达"上+X"一般不独立使用,需要后接量词或名词后再做各种成分,试比较:

(21) a. ?上百、上百元

　　b. ?上千、上千只飞鸟

　　c. ?上万、上万人

"上+X"常与"成+X"构成并列结构"成X上Y",表示概数,带有强调作用,如:

(22) 我做过成千上万个梦。

(23) 小时成千上万、大时成百上千地拥挤在蚕匾里生活。

(24) 附近成百上千的群众,拥到战场祝贺人民的胜利。

有些并列结构较固定,使用频率较高,可以看作成语或四字词语,如"成千上万"。并列结构后面常常再接量词或名词。

与"成"不同,"上"后不能直接接量词表示概数,只能在接"百""千""万""亿"等位数词之后,再接各类量词,试比较:

(25) a. 成倍增长、*上倍增长

　　b. 成箱的书籍、*上箱的书籍

　　c. 成百箱的书籍、上百箱的书籍

"上+X+量词/名词"可以做多种成分,如:

(26) 一个户办林场可以承包几十亩、几百亩、上千亩荒山、林山。

(27) 小容量的就有几十吨、上百吨。

最后看"上"接各位数词的情况,可与"成"相比较,表20-1是"语料库在线"检索的结果。

表 20-1 "成""上"与位数词的搭配

词语	十	百	千	万	亿	总计
成	0	34	158	21	2	215
上	0	105	90	161	11	367

由此看出,"上"的用例比"成"高,而且"上万"使用频率最高(占43.9%),"上百"(占28.6%)、"上千"(占24.5%)接近,"上亿"(占3.0%)使用频率最低。这与"成"的情况不尽相同,"成千"用例最多(占73.5%),其次是"成百"(占15.8%)、"成万"(占7.8%),"成亿"最少(占0.9%)。

由于"成千""上万"最多,所以一般构成四字词语"成千上万",语料中"成千上万"的用例共118例,占"上万"例的73.3%,占"成千"例的74.7%。"成 X 上 Y"格式的其他用例也有不少,如"成百上千"有13例,"成万上亿"有1例,语料中未见"上 X 成 Y"格式的用例。

20.4 习得概况与教学建议

下面只看"成""上"后接位数词的情况。先看"成",在 HSK 动态作文语料库中,"成"后接位数词的用例只有1例:

(28)还有仿佛看到了<u>成千</u>的马在草原上奔驰!(印度尼西亚)

"上"后接位数词的有14例,后接"千"(3例)、"万"(3例)以及它们的组合"千万"(4例)的居多,三者共占71.4%。"上"构成的概数表达只有1例不正确:

(29)*每年仅美国就有<u>上十万</u>的人死于吸烟。(韩国)

"上十万"不说,"上十"也不说,可改成"十多万"。

通过上面的分析,我们可以看出,留学生不太喜欢使用由"上""成"构成的概数表达,不过用例基本正确。在教学中,教师可以提醒学生"成""上"后面可以接"百、千、万、亿"等,一般不能接"十",也不能接由"十"构成的数词结构(*成二十、*上九十;*成十万、*上十亿)。

21. 如何使用"近"表概数？

21.1 含义与词类

"近"可以置于一些词语前（表示为"近+X"），表示接近但少于"X"所表示的数目，试比较：

（1）a. 缴获赃款赃物总价值<u>近三百万元</u>。

　　b. 缴获赃款赃物总价值<u>三百万元</u>。

（2）a. 两年来，已建成人工草场<u>近三万亩</u>。

　　b. 两年来，已建成人工草场<u>三万亩</u>。

由于"近+X"表示的数目不确定，为概数。

《现代汉语词典》收录了"近"的这种用法：

【近】🗗接近：平易近人｜年近三十｜两人年龄相近｜近朱者赤，近墨者黑。

由此看出，概数表达"近+X"中的"近"是动词。

21.2 功能

21.2.1 "X"主要是整数

"近+X"中的"X"可以是数词结构，不能是单个的数词，但如果数词后加量词，则可以置于"近"后，试比较：

（3）a. *近三、*近九、*近百、*近千

　　b. 近三十、近九万、近百万、近千万

　　c. 近三年、近九米、近百位、近千斤

　　d. 近三十年、近九万米、近百万次、近千万元

"近"后面的数词结构可以加量词，构成数量结构，如例（3d）。

据此,"近三年"的结构层次是"近[三年]",而不是"[近三]年","近百万"的结构层次是"近[百万]",而不是"[近百]万"。但"近三十年"的结构层次则有两种可能:

(4) a. [近三十] 年
    b. 近 [三十年]

例(4a)"近三十"做"年"的定语,例(4b)"三十年"做"近"的补语。相比较而言,例(4b)更合理。由此看出,"近"后面以接数量短语为常,即使是数词结构,后面一般也要加量词。

"近+X"中的"X"表示的数目可以是整数,如:

(5) 19个国家与地区近150位专家应邀出席。

(6) 全军医院也实行对外开放,收治地方病员近5000万人。

也可以是分数(百分数)、小数、倍数,如:

(7) 他们去年实现的利润比前年增长近60%。

(8) 我国耕地只占全球7%,却要养活世界近1/4的人口。

(9) 牛城村320平方米产商品鱼近2.7万公斤。

(10) 比去年多出近一倍。

21.2.2 "X"一般是主观大数

"近+X"中的数目,说话者认为较大,可以称为"主观大数"。在"语料库在线"中,位数词为"万""千""亿"的用例较多,如:

(11) 去年通过各种渠道帮助果农外销果品近2000万公斤。

(12) 10年累计就达近2000亿元。

有些数目绝对值较小,但说话者仍认为它们大,如:

(13) 因此,我们决不可以忽略占全国总人口近十分之一的广大信教群众。

(14) 从1979年到1986年,预算内和预算外资金增长近两倍。

(15) 7月4日,浙江兰溪江洪水泛滥,兰溪市区最深水位近2米。

如例(13)的"十分之一"数目并不大,但在此例中,说话者仍认为它大,可看作主观大数。

21.2.3 "一"的省略

"近+X"中数词结构的系数词为"一"(如"一千、一百万"等)时,常常省略"一",试比较:

(16) a. 较原来的未定稿增加近<u>一百万</u>字。

b. 这近<u>百万</u>条不同的要求,大致可以归纳为四百一十条。

在"语料库在线"中,"近一百"(如"近一百个观众")的用例有 13 例,"近百"(如"近百个观众")的用例有 103 例;"近一千"的用例有 7 例,"近千"的用例有 35 例;"近一万"的用例有 3 例,"近万"的用例有 25 例;"近一亿"的用例有 3 例,"近亿"的用例有 4 例。不用"一"的例子共 26 个,省略"一"的例子共 167 个,后者是前者的 6 倍多。

21.2.4 "近+X"的非概数表达

"近"后跟时量短语(表示持续的时间)时,既可能是概数表达,也可能不是概数表达,试比较:

(17) a. 他研究语言学<u>近二十年</u>了。

b. <u>近二十年</u>,他都在研究语言学。

例(17a)中的"近"表示"接近","近+X"是概数表达,其中数词结构表示的数目一般是确定的,试比较:

(18) a. *他研究语言学<u>近二十几年</u>了。

b. *他研究语言学<u>近二三十年</u>了。

c. *他研究语言学<u>近二十年左右</u>。

例(17b)的"近"表示"空间或时间距离短(跟'远'相对)",是形容词。"近+X"可以表示确数,也可以表示概数,如:

(19) a. <u>近二十几年</u>,他都在研究语言学。

b. <u>近二三十年</u>,他都在研究语言学。

c. <u>近二十年左右</u>,他都在研究语言学。

"近二十几年""近二十年左右"等也是概数表达,但它不是由"近"实现的,而是由其他概数表达（如用"几""左右"，以及邻近数字连用等）实现的。

有几种方式可以区分"近+X"的概数表达和非概数表达：第一，如果"近+X"可以换成"接近"，则"近+X"构成概数表达；如果可以换成"最近"，则"近+X"不构成概数表达。第二，"近+X"做补语和谓语时，为概数表达；如果做状语，则不是概数表达。第三，如果可以构成"近……来"，也不是概数表达。如：

（20）近两年来，他跑遍了杭州。

（21）近一个月来，他都在杭州。

21.3 "近"与"将近"

在构成概数表达上，"近"和"将近"基本上可以互换，试比较：

（22）a. 诗人在这偏远的古城住了将近两年。

b. 诗人在这偏远的古城住了近两年。

（23）a. 来自数十个国家和地区的近一千位客商参加了开幕式。

b. 来自数十个国家和地区的将近一千位客商参加了开幕式。

不过，在构成概数表达上，"近"比"将近"更常用，如在"语料库在线"中，检索词为"近"的前2000例语料（不包括"将近"），"近"构成概数表达的有242例，而检索词为"将近"的所有用例中，"将近"构成概数表达的只有123例。

此外"将近"还可以置于动词前，而"近"不可以，试比较：

（24）a. 将近寻找了一个小时，哈良才认出那幢冷冷清清的灰色房子。

b. 寻找了将近一个小时，哈良才认出那幢冷冷清清的灰色房子。

（25）a. *近寻找了一个小时，哈良才认出那幢冷冷清清的灰色房子。

b. 寻找了近一个小时，哈良才认出那幢冷冷清清的灰色房子。

（26）a. 他们去年实现的利润比前年增长近60%。

b. *他们去年实现的利润比前年近增长60%。

（27）a. 他们去年实现的利润比前年将近增长60%。

b. 他们去年实现的利润比前年增长将近60%。

不过在语料中,"将近"置于动词前的用例很少,只有 3 例,占 2.4%。

21.4 习得概况与教学建议

在 HSK 动态作文语料库中,表概数的"近 + X"共 34 例(含"将近"例 2 个),主要用于表年(共 15 例,占 44.1%)和表岁(共 15 例,占 44.1%)。由此看出,留学生使用"近"的范围比较集中。

在这些用例中,使用正确的有 29 例,占 85.3%;使用不正确的有 5 例,占 14.7%。不正确的用例如下:

(28)*吸烟这玩意在世界上已存在了<u>近几百年</u>了。(缅甸)

(29)*父亲一天工作<u>尽十八九个小时</u>。(新加坡)

(30)*本人从事此工作已达<u>近十年</u>。(新加坡)

(31)*今年我<u>快近二十五岁</u>了。(泰国)

(32)*从我懂事到<u>年近百半</u>的人生中,对我影响最大的一个人是我那今年已高龄八十三岁的母亲。(马来西亚)

例(28)"近""几"都可以构成概数表达,而且"近"后面一般要跟确数,可以将"近"删去,或者将"几"改成确数。例(29)一方面"近"误写成了"尽",同时"十八九"也是表概数,"近"后面一般要跟确数,可将"近(写成了'尽')"删去,或者将"十八九"改成"十九""十八""二十"等确数。例(30)"达"和"近"都是动词,可以删去一个。例(31)"快"和"近"都可以表概数,应删去一个。例(32)应该是"年近半百","半"做系数词,后接位数词"百"。

下面几个表年龄的用例接受性也不太好:

(33)我父亲已近五十岁了。(日本)

(34)她现在已近五十了。(马来西亚)

(35)我父亲已经近 60 岁了。(泰国)

如果改成"年近 XX",则接受性更好,试比较:

(36)父亲<u>年近七十</u>,身体也不健康,使我实在担心。(韩国)

(37)我虽已<u>年近六十</u>,但每逢有挫折时,总会想起我那生我养我的母亲。(印度尼西亚)

通过上面的分析我们可以看出，留学生基本能正确使用表概数的动词"近"。教学时，教师可以强调"近"后面是数词结构（或者是数量短语），且其前后不要再出现表概数的词语。用于表年龄时，"近"可构成"年近XX"的表达。当然，教师也可以引导学生将"近"构成的概数表达用于更多领域（不限于年份、年龄）。

顺带提一下，下面例子中的"近"后接数量短语，但它们不表概数：

（38）<u>近几年</u>，我遇到了很多困难。（日本）

（39）所以<u>近十年</u>来泰国教育部把以前的分班式教育改成了男女混合式教育。（泰国）

其中的"近"是形容词，表示"最近"的意思，后面一般出现表时间的量词（如"年""天"），而且"近"构成的短语一般做状语，置于句首。HSK 动态作文语料库中，这类用法的"近"共 78 例，比构成概数表达的"近"（34 例）多 44 例，显然"近"表"最近"的用法更常见。

22. 如何使用"约"表概数？

22.1 "约"的含义与词类

"约"可以用在一些词语前（下面表示为"约 + X"），表示概数，试比较：

（1）a. 价值<u>约 100 万</u>

　　 b. 价值<u>约 100 万元</u>

"约 100 万元"表示多于、少于或等于"100 万元"。

《现代汉语词典》收录了"约"的这种用法：

【约】副大概③：约计｜年约十七八｜约有五十人。

【大概】❸表示不很准确的估计。

在"年约十七八"中，概数表达"十七八"做谓语中心语，"约"对其进行修饰，做状语。由此看出，"约"与其他可构成概数表达的"成""上""近"

等不同。

22.2 "约+X"中的"X"的特点

"约+X"中的"X"可以是数词结构,不能是单个的数词,但如果数词后加量词,则可以置于"近"后,试比较:

(2) a. *约三、*约九、*约百、*约千

　　b. 约三十、约九万、约百万、约千万

　　c. 约三年、约九个、约百位、约千斤

　　d. 约三十年、约九万米、约百万次、约千万元

"约"后面的数词结构可以加量词,构成数量短语,如例(2d)。

据此,"约三年"的结构层次是"约[三年]",而不是"[约三]年";"约百万"的结构层次是"约[百万]",而不是"[约百]万"。但"约三十年"的结构层次则有两种可能:

(3) a. [约三十]年

　　b. 约[三十年]

例(3a)"约三十"做"年"的定语,例(3b)"三十年"做"约"的中心语。相比较而言,例(3b)更合理。由此看出,"约"后面以接数量短语为常,即使是数词结构,后面一般也要加量词。

"约+X"表示的数目可以是整数,也可以是分数(包括百分数)或小数,如:

(4) 纵深约二百米。

(5) 较1983年增长了约1.33倍。

(6) 即约百分之七十五以上。

(7) 国外成活5年者约50%。

此外,"约+X"中可以包含两个并列的数词结构,它们一般表示范围,如:

(8) 台湾从1982年起就决定建立人口约200万~300万的综合性自由贸易区。

(9) 这起伪卡案造成的损失约五千万至八千万法郎,是法国最大的一起诈骗案。

两例"约"的作用对象是两个数词结构或数量短语,而不仅仅是前一个数词

结构或数量短语。

从功能上看,"约+X"可以做多种句法成分,常见的是做谓语、定语和补语,如:

(10)面积约一百八十五平方英里,一九二〇年人口约三百万。

(11)西便门东侧有一段古城墙,长约一百米。

(12)撤走了约1200名专家和技术人员。

(13)这是一间约三十平方米的房间。

(14)这起伪卡案造成的损失约五千万至八千万法郎。

"约+X"在例(10)、例(11)中做谓语,在例(12)、例(13)中做定语,在例(14)中做谓语。

22.3 "约+X"中的概数表达

虽然"约+X"表示概数,它后面还可以出现其他概数词语,如:

(15)现存原稿约七千幅以上。

(16)据估算,全国现有冗员约2000~3000万,数字十分惊人。

(17)约四五年后

(18)年约二十二三岁。

(19)从业人员约七百余万人。

(20)师资短训班历年培训的中学教师、小学教师和幼儿园教养员约近万人。

(21)录制了教学录像带和录音带约一万多个小时。

从结构层次上看,"约"的作用范围应最大,如例(16)"约2000万~3000万左右"的结构层次是例(22a),而不是例(22b),如:

(22)a. 约[[2000万~3000万]左右]

b. *[约[2000万~3000万]]左右

22.4 "约"置于动词前

"约"不仅可以置于数词结构或数量短语前,还可以置于动词后再接数量短语,构成"约+动+X"结构。在"语料库在线"中,两种结构的用例数量比较接近，前 20 页中，"约 + X"的用例有 188 例，"约 + 动 + X"的用例有 186 例。

一般来说，当两种结构都做谓语的时候，它们比较容易变换，但如果是做定语或补语，变换以后接受性较差，如：

（23）a. 目前，信息库存储了北京、上海等 9 省市约 200 万汉字的信息。

b.[?] 目前，信息库存储了北京、上海等 9 省市约有 200 万汉字的信息。

（24）a. 较 1983 年增长了约 1.33 倍。

b.[*] 较 1983 年增长了约有 1.33 倍。

（25）a. 包门方而小，面向东南，高约四尺，宽约三尺。

b.[?] 包门方而小，面向东南，高约有四尺，宽约有三尺。

c.[?] 包门方而小，面向东南，约高四尺，约宽三尺。

此外，当"X"为中心语时，一般采用"约 + 动 + X"的形式，一般不采用"约 + X"的形式，如：

（26）a. 初步估计其幅度约为概算的 20%～30%。

b.[?] 初步估计其幅度为概算的约 20%～30%。

（27）a. 约占全区劳动就业登记人员的百分之七十八。

b.[?] 占全区劳动就业登记人员的约百分之七十八。

22.5 "大约"与"约"

"大约"与"约"意义和功能都很接近，两者很多时候可以互换，试比较：

（28）a. 治疗费大约二十元。

b. 治疗费约二十元。

（29）a. 在那人迹罕至的地方我生活了大约六年。

b. 在那人迹罕至的地方我生活了约六年。

（30）a. 全世界失去嗅觉的人大约为 1%。

b. 全世界失去嗅觉的人约为 1%。

《现代汉语词典》收录了"大约"：

【大约】❷副 表示不很确定的估计：他大约有六十岁了｜他大约是开会去了。

"约"与"大约"词类和释义都相同，两者主要是单双音节的区别。

23. 如何使用概数词"多"？

"多"可以用于数词结构或数量短语后（可表示为"X+多"），表示概数，试比较：

（1）a. 五十、五十多

b. 三斤、三斤多

"五十多"是指超过五十，"三斤多"是指超过三斤，但具体超过多少不确定，因而是概数，"X+多"是概数表达。

23.1 "多"用在数词结构后

"多"可以用在位数词为"十、百、千、万、亿"等的数词结构后，不能用在个位后，试比较：

（2）a. *五多块

b. 十多个

c. 五万多人

d. 六百二十多斤

e. 三千七百九十多次

不过，值得注意的是，虽然"多"可以置于位数词后，但它作用的对象是前面的数词结构，如例（2e）的层次应为"[[三千七百九十]多]次"

但"多"较少用于有缺项的系位组合末项后，试比较：

（3）a. 三千七百九十多次

b. ᵗ三千零九十多次

c. ᵗ九万零五百六十多次

d. ᵗ九万五千零六十多次

这可能跟"零"会使这种数词结构具有不同层次有关，如例（3b）、例（3d）可分别划分为：

（4）a.[[三千]零[[九十]多]]次

　　b.[[三千零九十]多]次

（5）a.[[九万五千]零[[六十]多]]次

　　b.[[九万五千零六十]多]次

"多"不能用于复杂的系位结构后，但可以出现在系数部分后，同样，系数部分必须是位数词为"十、百、千、万"等的数词结构，如：

（6）a.?二十万多、二十多万

　　b.?九千五百亿多、九千五百多亿

23.2 "多"用在数量短语后

23.2.1 量词限制

"多"一般用于容器量词、标准量词和一些准量词后，如：

（7）a.容器量词：两盒多铅笔、三箱多书、四碗多饭

　　b.标准量词：两尺多、四升多、六两多、一块多钱

　　c.准量词：一年多、一天多时间、一倍多、两成多、一秒多

如果数量短语可以变换为"小数表达＋量词"结构，则"多"可以用于数量短语后，如：

（8）a.三斤苹果→3.6斤苹果→三斤多苹果

　　b.两箱梨→2.5箱梨→两箱多梨

　　c.五年时间→5.5年时间→五年多时间

试比较：

（9）a.三匹多马→*3.5匹马→*三匹多马

　　b.五层楼→*5.2层楼→*五层多楼

　　c.一肚子坏水→*1.2肚子坏水→*一肚子多坏水

　　d.人字两笔→*人字2.5笔→*人字两笔多

由此可见，量词所联系的事物（由名词性成分表达）应具有可延续性、可分解性。这同样可以解释如下现象：

（10）（有7匹马，两人分）人均拥有马的数量是三匹多。

（11）人均养猪一头多。（危艳丽，2018）

"匹""头"是个体量词。平均数具有可分解性，因此如果用于平均数，所有的量词后边都可加"多"。危艳丽（2018）认为平均数需要精确到小数，这源于平均数表分解。

23.2.2　数词语的限制

"多"用于数词语后时，数词语也有限制，主要有两种情况：第一，系数词单独使用（系数词后面是个位）；第二，位数词"十"前省略了系数词"一"。如：

（12）a. 三斤多苹果、十斤多苹果

　　　b. 两箱多梨、十箱多梨

"多"位于数词语后时，数词语不能是数词结构，这与"多"位于数词结构后的情况形成鲜明对比：

（13）a. *五百六十斤多苹果

　　　b. 五百六十多斤苹果

　　　c. 六斤多苹果

（14）a. *三百万箱多梨

　　　b. *三百万多箱梨

　　　c. 三百多万箱梨

　　　d. 三箱多梨

由于"十"既像系数词（省略了系数词"一"），本身又是简单系位构造（系数词是"一"），因而"多"既可以出现在"十"后，也可以出现在量词后，试比较：

（15）a. 十多箱苹果、十箱多苹果

　　　b. 十点多、十多点

　　　c. 十年多、十多年

　　　d. 十倍多、十多倍

但这两种结构的意思稍有不同，如"十多箱"可以指十一箱到十九箱，即相当于"十几箱",而"十箱多"是指多于十箱,但少于十一箱。关于这一点,《现代汉语八百词》也提到过。

23.3 "多"用在量词前

"多"还可以直接用于量词前(表示为"多+X"),如:

(16) ⅰ. 个体量词:多个角度、多项要求、多位同仁、多座桥梁、多架飞机

ⅱ. 集合量词:多种习惯、多类

ⅲ. 容器量词:多箱喂养

ⅳ. 准量词:多国部队、多方面、多边会谈、多会儿、多年

ⅴ. 动量词:多次、多回、多遍

由此可见,"多"可用于多种量词前。这种用法的"多"带有较明显的书面色彩,而且有些"多+X"(主要是准量词)类似固定说法(如"多方会谈、多国部队"等),这些说法中的"多"可以对应于英语的前缀"multi-",如"多国部队"为"multinational force"、"多边会谈"为"multilateral talks"(危艳丽,2018)。但这里不将这些"多"看作前缀,因为"多"更常接个体量词、动量词,此时显然不宜将"多"看作前缀。这些"多"具有数词的特点,下面"多"与数词相对应的说法更证明其中的"多"为数词:

(17) 一人多机、一版多剧、一签多行、一衣多穿、一址多照、一稿多投

23.4 三种用法的联系

上面探讨了"多"用于数词结构后、数量短语后以及量词前的情况。笔者认为,这三种"多"在意义上具有一定的联系,都表示超出一定的量(包括主观量),甚至有些"多"可置于同一量词前后,如:

(18) a. 多年未见、三年多未见

　　b. 多箱、三箱多

这更显示两者在意义上具有一定的联系。

23.5 "多"的词类

最后来看"多"的词类,学界看法并不一致,如《现代汉语八百词》认为数量词后的"多"都是数词,朱德熙(1982)将置于数词后的"多"看作概数词,黄伯荣、廖序东(2017)将"多"看作概数助词。笔者认为,两个位置的"多"都可以看作数词。先看数词后的"多",试比较:

(19) a. 二十多个、二十二个
b. 九百多人、九百五十六人

由此可见,"多"和数词语具有相同的分布,因此可以看作数词(朱德熙,1982)。下面看数量短语后的"多",试比较:

(20) a. 三斤多、三斤三
b. 五碗多、五碗半
c. 十块多、十块六
d. 人均四匹多、人均四匹五

由此可以看出,量词后的"多"也与数词具有相同的分布。值得注意的是例(20b),虽然"多"与"二""五"等数在分布上不同,但它与"半"在分布上一致,而"半"一般看作数词(朱德熙,1982;危艳丽,2018),从这个角度来看,将"多"看作数词是合理的。但相比较而言,数词后的"多"比量词后的"多"更具有数词的特点。

23.6　习得概况与教学建议

在HSK动态作文语料库中,"多"有4589例,其中跟数词有关的有405例,占8.8%左右。由此看出,留学生作文中概数词"多"用得并不多。其中"多"为偏误的有35例,占概数词用例的8.6%。因此,留学生能较正确地使用概数词"多"。

概数词"多"的偏误主要集中在以下几类:

第一类是"多"的位置不对,如:

(21) *她干了那个工作已经二十年多了。(印度尼西亚)

（22）*在地球上有50亿多的人。（韩国）

（23）*我们炼了一个月多终于可以唱到了用两国的语言。（韩国）

（24）*还有听也不懂的词语占多一半。（韩国）

"多"要出现在位数词（"十、百、千、万"等）或量词后，如例（21）、例（22）应分别为"二十多年""50多亿"；例（23）、例（24）应分别为"一个多月""一半多"。这类偏误共19例，占所有偏误的一半多（54.3%），其中为"X + 个月多"的有11例，占这类偏误的57.9%，再如：

（25）*看强到了三个月多他就觉得心里想哭。（缅甸）

（26）*因为我来北京已经六个月多了。（韩国）

第二类偏误是"多"与前面的数量短语或数词语不搭配，如：

（27）*从小学到现在我在学校过的时间已经十五年多了。（韩国）

（28）*过去35多年的工作，它给父亲带来了什么呢？（韩国）

（29）*大概十二月多的时候我的学校有艺术节。（韩国）

有"五年多""十多年""十年多""30多年"的说法，但一般没有"十五年多""35多年"的说法。"十二月"更像一个专有名词，后面不加"多"。此类偏误有3例，占所有偏误的8.6%。

第三类偏误是句子中除了"多"外，还有其他表概数的词语，如：

（30）*要是他们的感情能经历数十多年的时间，那一定也能再渡过多几十年的时间海。（新加坡）

（31）*他们应该先奉养爹娘，多几年后才轮到我。（新加坡）

（32）*扔掉的东西有时候二分子一以上多。（韩国）

"数""多""几"都可以表示概数，一般不能同现。例（30）前一个表达可以改为"数十年"或"十多年"，后一个表达可以改为"几十年"。例（31）可以改为"多年后"或"几年后"。例（32）可以改为"二分之一以上"。此类偏误有4例，占所有偏误的11.4%。

第四类偏误是无量词的情况，如：

（33）*现在的我已经迈40多冬天。（泰国）

（34）*二十多发音字母的拼音法，给学习中文的学习带来方便。（印度尼西亚）

"多"后面应有量词"个"。此类偏误有 5 例,占所有偏误的 14.3%。

由此看出,留学生一般能正确使用概数词"多","多"的偏误主要是位置不对(倾向于将"多"后置),这也是"多"字教学的重点和难点。教学时,教师要予以重点关注,要强调"多"应位于位数词或量词后,当位数词和量词同时出现时,"多"在两者中间。此外,在语料库中,概数词"多"有 95% 以上用于表时间(量词为"年"的有 222 例,占 54.8%),用于其他方面的较少,教学时,教师可以引导学生将"多"用于其他领域。

24. 如何使用概数助词"把"?

"把"可以加在位数词或量词后(可以表示为"X+把"),表示概数,如:
(1) a. 一百斤、百把斤
　　b. 一个月、个把月

"百把斤"表示接近一百斤,"个把月"表示接近一个月。

黄伯荣、廖序东(2017)将这类"把"字看作概数助词,《现代汉语词典》将之看作助词。不过与一般助词不同,"把"一般不能删去,试比较:
(2) a. 百把斤、ʔ百斤
　　b. 个把月、ʔ个月

这里将这种用法的"把"看作概数助词。

24.1 "把"置于位数词后

24.1.1 位数词的限制

"把"可以置于位数词"百、千、万、亿"后,位数词前不能出现系数词,试比较:
(3) a. 百把人、*一百把人
　　b. 万把块钱、*一万把块钱

一般认为"把"不能置于位数词"十"后。不过"十+把+X"的说法也不是绝对不能出现，如BCC语料库中的用例：

（4）那个姓周的，在她身上少说些也贴了<u>十把</u>二十万了。

（5）你比我小着<u>十把</u>岁。

（6）过了<u>十把</u>分钟他们师徒俩罢下手来气。

（7）我当生产队长当了<u>十把</u>年。

（8）他顶多来个<u>十把</u>万人。

"十把（X）"应是方言说法。

"把"也很少置于位数词"亿"后，但也可以找到一些用例，如BCC语料库中的用例：

（9）一年要少出大米<u>亿把</u>斤。

（10）在中国<u>亿把</u>人里没打够？

网络上也有这样的用例：

（11）养个<u>亿把</u>人，很困难？

（12）几小龙加起来也就<u>亿把</u>人。

此外，也有个别"把"置于两个位数词之间例子，如：

（13）一年<u>百把万</u>就省下了。

（14）借<u>百把亿</u>美元，只要讲效益，有什么危险？

（15）也就<u>千把万</u>吧。

这些用法主要是方言说法，或出自网络语言。

在"语料库在线"中，"百+把+X"的用例有6例，"千+把+X"的用例有7例，"万+把+X"的用例有3例，前二者数量接近。

24.1.2 "X+把"不单独使用

"把"置于位数词后构成的概数表达是不自由的，其后要带量词（有些量词后还应出现名词性成分）或名词性成分，试比较：

（16）a. 千把字、*千把

b. 百把人、*百把

c. 百把个人、*百把、百把个、百把人

　　d. 千把斤重、*千把、千把斤、*千把重

"把"后也可以直接接名词性成分，主要是"人"，如"千把人"。在"语料库在线"中，"把"后为名词的有6例，其中5例是"人"，还有1例是"工人"。

"把"置于位数词后，其后的量词不太受限制，如：

（17）ⅰ. 个体量词：千把个人、千把辆汽车

　　　ⅱ. 集合量词：千把套家具、万把部书

　　　ⅲ. 部分量词：百把味药、千把节竹子

　　　ⅳ. 容器量词：百把桶水、千把杯酒

　　　ⅴ. 标准量词：百把两银子、万把亩良田

　　　ⅵ. 准量词：千把册、百把年

　　　ⅶ. 动量词：百把下、千把次

但以标准量词、准量词和个体量词为常。如在BCC语料库中，"X＋把"中出现频率较高的量词是"元、块、斤、万、字、里、两"，它们都是标准量词或准量词①。个体量词主要以"个"为主，而且其后名词一般为"人"。

24.2 "把"置于量词后

"把"可以置于一些量词后，量词前也不可以出现数词，试比较：

（18）a. 个把月、*一个把月

　　　b. 斤把鱼、*一斤把鱼

"量词＋把"后一般要接名词性成分或其他词语。

"把"前的量词有什么特点呢？下面把"量词＋把"与"位数词＋把"进行比较，如：

（19）ⅰ. 个体量词：千把个人、个把人；千把辆汽车、?辆把汽车

　　　ⅱ. 集合量词：千把套家具、?套把家具；千把部书、?部把书

　　　ⅲ. 部分量词：百把味药、?味把药；千把节竹子、?节把竹子

---

① 在"语料库在线"中，"把"位于位数词后再加量词的用例较少（6例），这种情况下量词多为标准量词或度量衡量词，如"元、块、斤、里、担"。

ⅳ. 容器量词：百把桶水、﹖桶把水；千把杯酒、﹖杯把酒

ⅴ. 标准量词：百把两银子、两把银子；万把亩良田、亩把良田

ⅵ. 准量词：千把册书、*册把书；百把年、*年把、年把时间

ⅶ. 动量词：百把下、*下把、下把两下；千把次、*次把、次把两次

由此看出，"标准量词＋把"接受性更好。"个把""年把"接受性也较好。"动量词＋把"后再接数量短语构成并列，如例（19 ⅶ）中的"下把两下""次把两次"的接受性较好，其他量词接"把"的接受性都不太好，都不如"位数词＋把"的接受性好。

最后提一下，实际语料中还出现了位数词后接"把"再接概数词"多"的少数用例，如：

（20）右手轻轻一拳打在他胸膛上，他百把多斤重的身子就被打得往后直倒。

（21）万把多工人恐怕驱逐不散的。

25. 如何使用概数助词"来"？

25.1 "来"的含义与词类

"来"可以放在数词结构或数量短语后，整个结构表概数，试比较：

（1）a. 五十斤、五十来斤

　　b. 五斤重、五斤来重。

"五十来斤"表示接近五十斤，一般比五十斤少；"五斤来重"表示接近五斤，一般少于五斤。

《现代汉语八百词》认为"来"是助词，表大概的数目，笔者认为"来"本身并不表数目，但它会使明确的数目变为不明确。朱德熙（1982）认为"来"可以做概数词，"来"可以放在复合数词和量词之间表示概数，系数词也能占据这个位置，概数词和系数词性质相近，试比较：

（2）a. 二十来天、二十多天、二十二天

b. 七斤来重、七斤多重、?七斤二重、七斤半重

由例（2a）看出，"来"和"二"具有相同的分布。由例（2b）看出，"来"和"多""半"具有相同的分布。从这个意义上说，将"来"看作数词未尝不可。

不过，刚才说过，"来"本身不表数目，它只是改变数目的性质（由确数变为概数），从这个角度看，将"来"看作数词不太合理。此外，"来"和系数词在语法功能上存在很大差异，比如它不能置于位数词（包括个位数）前，试比较：

（3）a. 三十、*来十

b. 十三、*十来

甚至"来"不能像"多"一样单独置于量词前，试比较：

（4）a. 多个角度、*来个角度

b. 多种习惯、*来种习惯

d. 多国部队、*来国部队

e. 多次、*来次

从这个角度看，"来"也不是典型的数词。这里将"来"看作概数助词（黄伯荣、廖序东，2017）。

下面比较概数助词"来"与"多"的异同。

25.2 置于数词结构后

25.2.1 数词结构特点

同"多"一样，"来"可置于位数词为"十、百、千、万"等的数词结构后（不能置于个位前，即不能单说单用），如：

（5）a. 十来个、十多个

b. 二十来斤、二十多斤

c. 一百来辆、一百多辆

d. 六百二十来斤、六百二十多斤

实际语料显示,"来"和"多"前的位数词越大,越倾向于不使用"来"和"多",但两者表现不同。表 25-1 是"语料库在线"中,"来"和"多"与位数词搭配的检索结果。

表 25-1 "来""多"与位数词的搭配

词语	十		百		千		万		亿	
来	190	82.6%	32	13.9%	7	3.0%	1	0.5%	0	0.0%
多	1460	42.8%	931	27.3%	521	15.3%	382	11.2%	115	3.4%

表 25-1 显示,"来"前的位数词主要是"十",占 80% 多;位数词"千""万""亿"的用例很少,而且各个组合的比例相差较大。而"多"前虽然也以"十"比例最高,但比例不到一半,而且"千""万""亿"都有一定的比例,各比例之间的差距也不如"来"的大。

此外,与"多"一样,"来"一般也不能置于有缺项的系数组合后,如:

(6)ˀ七千零六十来斤、ˀ七千零六十多斤

用于复杂系位构造时,"来"和"多"一样,限制也较严,即只能置于系数部分末位位数词后,不能置于位数部分的位数词后,如:

(7)a. *二十万来、二十来万
　　b. *二十万多、二十多万

而且当位数词为"万万"时,即使系数部分末位位数词是"十""百""千"等,也不能用"来",如:

(8)*二十多万万、*二十来万万

25.2.2 与量词共现的情况

当置于数词结构后时,"多"后可以不出现量词,但"来"后要出现量词,试比较:

(9)a. 一百多个、一百来个
　　b. 一百多、*一百来

（10）a. 三千两百二十多箱、三千两百二十来箱
　　　b. 三千两百二十多、*三千两百二十来

由此可知，"来"要与量词共现，而"多"不受限制。朱德熙（1982）指出，"多"组成的系位组合是自由的，"来"组成的系位组合是黏着的。以上对比就是"来""多"这种差异的表现。

此外，"来"和"多"后的量词基本不受限制，如：

（11）ⅰ. 个体量词：十来/多个、两百来/多艘、三十来/多卷
　　　ⅱ. 集合量词：三十来/多桌菜、二十来/多房亲戚
　　　ⅲ. 部分量词：十来/多层楼、五十来/多味药
　　　ⅳ. 容器量词：十来/多箱书、三百二十来/多包盐
　　　ⅴ. 标准量词：五百来/多米、五十来/多秒、三千来/多亩
　　　ⅵ. 准量词：三十来/多册、读了十来/多课、印了十来/多版
　　　ⅶ. 动量词：五千来/多步、打了六十来/多鞭子、去了一百三十来/多次

除临时量词的数词限于"一"（如"一头的汗"）而不能用"来""多"外（因为"一"不是位数词），其他量词基本都可以出现于"来"后。

25.3　置于数量短语后

下面看"来"置于数量短语后的情况，这跟量词前的数词语和量词都有关。

25.3.1　数词语情况

首先看数词，它一般是系数词（个位）和"十"。"多"也是如此，试比较：

（12）三斤来/多苹果、*三十三斤来/多苹果
（13）十米来/多长、十来/多米长
（14）*五百三十吨来/多重

25.3.2　量词情况

"来"前的量词比较受限制，可与"来"后的量词相比较：

（15）ⅰ．个体量词：十来个苹果、*五个来苹果；两百来艘船、*两艘来船

ⅱ．集合量词：三十来桌菜、*三桌来菜；二十来房亲戚、*两房来亲戚

ⅲ．部分量词：十来层楼、*十层来楼；五十来味药、*五味来药

ⅳ．容器量词：十来箱书、*十箱来书；三百二十来包盐、*三包来盐

ⅴ．标准量词：五百来米远、五米来远；三千来亩大、三亩来大

ⅵ．准量词：三十来册、*三册来；读了十来课、*读了十课来

ⅶ．动量词：五千来步、*五步来；打了六十来鞭子、*打了六鞭子来

由此可见，"来"前的量词主要是标准量词。

此外，"来"还可以用于"个"后，其后是时间名词"小时""月"，"世纪""星期"等时间名词少见，试比较：

（16）a. 五个来月、五个来小时

b. ?五个来星期、?五个来世纪

前文指出，"多"前的量词可以是标准量词，也可以是容器量词和一些准量词（如"年、天、倍、成、秒"），而"来"一般不用于容器量词和准量词后，试比较：

（17）a. 容器量词：两盒多铅笔、?两盒来铅笔；三箱多书、?三箱来书

b. 准量词：一年多、#一年来；一倍多、*一倍来；两成多、*两成来

由此可见，同样置于量词后，"来"比"多"更受限制。

25.3.3 其他成分

当"来""多"出现在量词后时，"来"后还应该出现其他成分，主要是名词性成分，以及一些表标准或度量的形容词（一般是表正向的词，如"大、重、长、粗、远、高"等），而"多"后可以不出现这些成分，试比较：

（18）a. 三斤来苹果、*三斤来

b. 三斤多苹果、三斤多

（19）a. 三米来长、*三米来

b. 三米多长、三米多

这同样显示，由"多"组成的结构是自由的，由"来"组成的结构是黏着的。

而且，"来"位于数词（位数词）后，后面需要出现量词，可不再出现名词性成分或表标准、度量的形容词；但"来"位于数量短语后，后面要出现名词性成分或表标准、度量的形容词。"多"则没有这种限制，试比较：

（20）a. 十来斤鱼 / 重、十来斤
　　　b. 三斤来鱼 / 重、*三斤来
（21）a. 十多斤鱼 / 重、十多斤
　　　b. 三斤多鱼 / 重、三斤多

这显示，不仅"来"比"多"更受限制，而且"来"位于数词后和量词后时，限制也不同。

25.4　习得概况与教学建议

在 HSK 动态作文语料库中，概数助词"来"的使用频率很低，笔者只找到位数词"十"后的"来"的 12 个用例，占所有"来"用例（6435 例）的 0.2%。不过这些用例都是正确用例，如：

（22）那时我的家是在一个有十来户人家的院落里。（印度尼西亚）

（23）一个星期后，我的补习班成立了，学生大约有十来个。（新加坡）

（24）我母亲将我交给了一个四十来岁的妇女，她就是我的保姆。（马来西亚）

（25）他比我们大十来岁，也是一个老山民。（美国）

从留学生的国籍来看，这些用例主要出现在新加坡学生作文（4 例）和日本学生作文（3 例）中。从使用对象来看，"来"主要用于表示年龄，其后量词为"岁"的有 10 例。

汉语教学可突出两个重点：第一，"来"一般置于位数词（特别是"十"）后；第二，"来"具有黏着性，即后边一般要出现量词。教学时，教师可以引导学生将"来"用于多个领域，而不仅仅用于表年龄或时间。

26. 如何使用概数助词"左右"?

26.1 含义与词类

"左右"可以加在数词语或数量短语后构成概数表达,表示接近某个数目,可略少或略多,如"三十岁左右"表示接近三十岁,可以是二十八九岁,也可以是三十一二岁,但少到多少多到多少不确定,范围比较模糊。

《现代汉语词典》也收录了这种用法的"左右":

【左右】名 方位词。用在数量词后面,表示概数:年纪在三十岁左右。

黄伯荣、廖序东(2017)将"左右"看作概数助词。笔者认为,将之看作方位词,主要是从"左""右"都是方位词的角度而言的;将之看作助词,主要是它可以省略。笔者把它看作概数助词。

26.2 置于数词语后

"左右"前的数词语可以是系数词,也可以是数词结构,还可以是概数、倍数等涉数表达,如:

(1) i. 系数词:pH 值为 7 左右
  ii. 简单系位构造:十五左右
  iii. 系位组合:两万零六百左右
  iv. 复杂系位构造:三十三万左右
  v. 涉数表达:三分之一左右、五倍左右

"左右"前为系数词的较少见,一般是系数词后的量词省略了。

26.3 置于数量短语后

26.3.1 量词特点

"左右"前出现的数量短语,其中的量词基本不受限制,如:

（2）ⅰ. 个体量词：十个左右、三十篇左右
　　　ⅱ. 集合量词：三十桌左右、二十房左右
　　　ⅲ. 部分量词：十层左右、五十味左右
　　　ⅳ. 容器量词：十箱左右、三百二十包左右、三十碗左右
　　　ⅴ. 标准量词：五百米左右、五十秒左右、三千亩左右
　　　ⅵ. 准量词：150天左右、读了十课左右、印了十版左右
　　　ⅶ. 动量词：十次左右

实际语料中，主要是标准量词和准量词，比较常见的量词有"米、度（℃）、岁、年、天、时、周、个"等。

26.3.2 "左右"与其他词语共现的情况

当"左右"前有数量短语时，整个结构后面一般不再出现名词性成分，如果出现名词性成分，其一般做主语或话题，试比较：

（3）a. 三十篇左右、*三十篇左右文章、文章三十篇左右
　　　b. 十箱左右、*十箱左右水果、水果十箱左右

"人""小时""月""星期"等名词在量词"个"的后面时，虽然可以再接"左右"，但这些名词不能置于"左右"后，一般也不能前置做主语或话题，试比较：

（4）a. 三十个人左右、*三十个左右人、?人三十个左右
　　　b. 五个月左右、*五个左右月、*月五个左右
　　　c. 十个星期左右、*十个左右星期、*星期十个左右

26.3.3 量词省略

在语境明确的情况下，"左右"前可以不出现量词，如：

（5）年纪在四十左右，脑后梳一个大髻。

（6）这河边两岸除了停泊有上下行的大小船只三十左右以外……

（7）指甲（相当于2.5），小刀约（2.5左右），石英（7），用它们与矿物相互刻划，粗略求得矿物的硬度。

（8）人体内大多数酶在近乎中性（pH值为7左右）的环境中催化作用发挥得最好。

26.4　与其他概数词语共现

语料中也可以看到"左右"与其他概数词语共现的用例，如：

（9）*根据科学的研究，认为妇女在二十五岁左右，男子在二十八、九岁左右结婚，是最适宜的。

（10）*如土壤温度的日变化，可以引起空气的整体交换，但只对十几厘米左右的表层土壤的空气更新具有一定意义。

例（9）"八、九"是相邻系数词连用表概数，"左右"也表概数。例（10）"几"表概数，"左右"也表概数。两个表概数的词语可删去一个。按照一般理解，例（9）、例（10）属于词语冗余，属于不规范表达。

26.5　前面是多项结构

"左右"前也可以出现两个或两个以上的数词结构或数量短语，如：

（11）像泡化碱，国产成本每磅在三百五十元左右。

（12）警卫员田当日中午十二时一刻左右在山上遇见过被告。

（13）鄂温克语叫"希楞柱"，高约一丈，直径约一丈二尺左右。

（14）小姐大约有二十四五了，高个儿，总在五英尺十寸左右。

这同样涉及"左右"的作用范围问题，如"三百五十元左右"可做两种切分：

（15）a. [三百五十元] 左右

　　　 b. 三百 [五十元左右]

由于前面的两个数词结构或数量短语是一个整体，因此宜做例（15a）理解。

26.6　习得概况与教学建议

在HSK动态作文语料库中，概数助词"左右"的用例共有165例，其中使用不正确的有12例，占7.3%，全部列举如下：

（16）*但一个多月左右的时，他累得要命了。（韩国）

（17）*根据他的介绍他已经有五千左右张那时。（波兰）

（18）*在我们班里一共有十五个左右同学。（韩国）

（19）*我已经希望将来放假。可还有3个左右月。（韩国）

（20）*因为那家虽然小，但是房间里有二十左右个人。（日本）

（21）*爬到六米高左右，不小心脚踏偏了，从树上掉下来。（印度尼西亚）

（22）*现在社会的吸烟人口是百分之五十大左右。（韩国）

（23）*到了大约五时右左，我都会接我父亲回家。（马来西亚）

（24）*可惜的是这样国家的连续假是最多1个星期左右。（日本）

（25）*我家离学校仅100米左右。（印度尼西亚）

（26）*可能过了十年左右以后，可以说"真正的了解了中国"。（韩国）

（27）*十年前左右，我见到一个朋友。（日本）

例（16）"多"与"左右"重复。例（17）"左右"应在量词"张"后面。例（18）、例（19）、例（20）"左右"应该在名词后，即应分别为"十五个同学左右""3个月左右""二十个人左右"。例（21）"左右"前有形容词"高"，例（22）"左右"前有形容词"大"，可以删去这些形容词。例（23）"左右"误写成了"右左"。例（24）～（27）的"最多""仅""以后""前"都要求相应的数字是确数，而不是概数。

还值得注意的是，留学生作文中有不少用例是"左右"和另一个表概数的词语同现的，如：

（28）*一般就读中学的孩子年龄约在十五、六左右，是青春发育期。（新加坡）

（29）*我们住的岛上的人数非常少，大约500人左右。（韩国）

（30）*在印度尼西亚的话，一年大概都在30度左右。（印度尼西亚）

例（28）是相邻数字连用和"左右"同现。例（29）是"大约"与"左右"同现。例（30）是"大概"与"左右"同现。语料中这类句子共有18例，占10.9%。严格意义上讲，这是同义词语重复，属于不规范表达。

留学生作文中也有一些"左右"用于数值范围后的用例，如：

（31）*中国从五月一号到七号左右有放假。（日本）

（32）*吸烟者的寿命比非吸烟者的短五年到十年左右。（韩国）

此类用例语料中有 8 例，占 4.8%。这也是不规范的表达，可以将"左右"删去。

基于以上情况，教学时教师可以强调"左右"位于数量短语后，如果数量短语后有名词语，则"左右"位于名词语后。此外，教师需要提醒学生，当"左右"与其他表概数的词语（如"大概""差不多"等）同现时，需要保留一个。

27. 如何使用概数助词"上下"？

27.1 "上下"的含义和词类

"上下"可以加在数词结构、数量短语或其他涉数表达后构成概数表达，如：

（1）四十岁、四十岁上下

（2）百分之九十、百分之九十上下

"上下"表示接近某个数目，可略少或略多，如"四十岁上下"表示接近四十岁，可以是三十八九岁，也可以是四十一二岁，但少到多少，多到多少，范围比较模糊。

《现代汉语词典》收录了这种用法的"上下"：

【上下】名方位词，用在数量词后面，表示概数：十个月上下的婴儿｜这里一亩地能有一千斤上下的收成。

将之看作方位词，主要是从"上下"由方位词"上""下"复合而成，其实它已不表方位义。黄伯荣、廖序东（2017）将这种用法的"上下"看作概数助词，这里也将之看作概数助词。

27.2 "上下"的用法

"上下"可以置于数词结构后，如：

（3）ⅰ. 简单系位构造：五十上下

ⅱ. 系位组合：五百三十上下

ⅲ. 复杂系位构造：1500万上下

"上下"可置于数量短语后，量词较受限制，一般是准量词或标准量词，常见的量词有"岁、元、公斤、吨、丈、度、分"等。其中"岁"出现的频率最高，在"语料库在线"中，用例有6例，约占20%，而且"岁"可以省略，如：

（4）靠桌子东边的那张竹椅上坐着一个四十上下的中年人。

（5）那中年妇女也不在，换来个五十上下年纪的男人。

语料中，"上下"用于表年龄的用例（包括带量词"岁"和不带量词"岁"的）共11例，占35.5%，其中，"岁"省略的有5例。由此可知，"上下"常用于表达年龄。

量词前的数词结构一般是整数，而且以简单系位构造居多，如：

（6）三十丈上下、两百年上下

"上下"一般不直接出现在系数词后，但系数词带上量词后就可以后加"上下"了，如：

（7）目前5元上下股价，估计有一定挖掘潜力。

（8）一个8岁上下的男孩子问。

（9）鲮鱼是热带性的，它的致死低温是8℃上下。

此外，"上下"还可以置于一些涉数表达后，如"百分之九十上下""三分之一上下"。

27.3 "上下"和"左右"

"上下"和"左右"的意思和用法都很接近，有时可以互相替换，如：

（10）三十岁上下、三十岁左右

（11）8℃上下、8℃左右

但两者也存在不少差异：

首先，从使用频率看，概数助词"左右"远远高于概数助词"上下"。如在"语料库在线"中，概数助词"左右"有1306例，占所有用例的74.7%。而概数助词"上下"有30例，占所有用例的3.7%。由此可见，"左右"主要做概数助词，而"上下"很少做概数助词。

其次，"左右"前可以是整数、分数（包括百分数、千分数）、小数、倍数等，而"上下"前一般是整数或百分数。

再次，"左右"前的量词更丰富，大多数量词都可以出现；而"上下"前的量词以准量词和标准量词为主，其中表年龄的"岁"用得较多。

28. 如何使用概数助词"前后"？

28.1 含义及词类

"前后"可以置于数量短语后，表示接近某个数，可以是略前，也可以是略后，如"1985年前后"，可以指1983年、1984年，也可以指1986年、1987年，虽然"前"到什么时候，"后"到什么时候，并没有明确的规定，但不能离得太远。

《现代汉语词典》收录了"前后"的这种用法：

【前后】名 方位词　比某一特定时间稍早或稍晚的一段时间：国庆节前后。

将"前后"看作方位词可能是因为"前后"由方位词"前"和"后"复合而来，但现在已无方位义。黄伯荣、廖序东（2017）探讨概数助词时，虽未举"前后"例，但与"前后"意义、用法都非常接近的"上下""左右"都被看作概数助词，因此，笔者也将"前后"看作概数助词。此外，《现代汉语词典》只举例了"前后"置于名词后的用法，显然不全面。

28.2 置于数量短语后

28.2.1 表示时间

"前后"常置于表时间的数量短语后，如：

（1）一九一五年前后

（2）今年十二月四日前后

（3）上午9点前后

（4）公元前500年前后

可以用于表年、月、天（日）、时（点）等的数量词语后，而且这些词语表示时点而不是时段。

在"语料库在线"中，"前后"前的数量短语中，量词"年"用得最多，共48例，占54.5%；其次是"日（号）"，共18例，占20.5%；"点（点钟）"共3例，占6.8%。

表示年或日期的量词可以在一定条件下省略，试比较：

（5）a. 一九一五年前后、一九一五前后

　　　b. 正月十二日前后、正月十二前后

　　　c. 晚上八点前后、*晚上八前后

28.2.2　表示年龄

"前后"也可以置于表示年龄的数量短语后面，如：

（6）记忆之发达，以二十五岁前后为顶点。

（7）间接记忆，其发达之顶点，也与直接记忆略同，为二十五岁前后。

（8）这一变化早在40岁前后即开始出现。

量词是"岁"时，"岁"一般不能省略，省略后易理解成日期。

28.3　置于名词语后

"前后"还可以置于表示时间的名词或名词短语后，如上文《现代汉语词典》所举"国庆节前后"例，再如：

（9）那是在1981年的春节前后

（10）30日中午前后

（11）六十年代中期前后

（12）一九一一年辛亥革命前后

（13）从此村上的人都注意在清明前后捉蛾子了。

这些词语包括节日、时期、午别、历史事件等，"前后"还可以出现在动词语后，如：

（14）每年四、五月播种前后

"播种"是动词，但它指播种的时间。这些表示时间的名词语前也会出现一些数词语，它们一般是修饰成分，如例（9）数量词语"1981年"后有定语标记"的"。这些名词语可以转换为表示时间的数词语，如：

（15）a. 30日中午前后、30日十二点前后

b. 清明前后捉蛾子、4月5日前后捉蛾子

28.4 "前后"与"左右"

"前后"与"左右"都可以用于表示时间或年龄，而且用法有一致之处，有时可以互换，如：

（16）a. 一九九五年前后、一九九五年左右

b. 三十岁前后、三十岁左右

c. 国庆节前后、国庆节左右

不过两者也有较大差异：

首先，"左右"使用范围更广，除了表示年份、日期、年龄，还可以用于表示重量、面积、长度等；而"前后"一般只用于表示时间和年龄，试比较：

（17）a. 三斤左右、*三斤前后

b. 20平方米左右、*20平方米前后

c. 四十个人左右、*四十个人前后

d. 25%左右、*25%前后

正因如此，"左右"比"前后"使用范围更广，使用限制更少，因而出现的频率更高。在"语料库在线"中，概数助词"左右"的用例有1306例，占所有用例的74.7%。而概数助词"前后"的用例共有98例，占所有用例的14.7%。

其次，同样表时间，"左右"既可以用于时间点，也可以用于时间段，而"前后"一般只用于时间点，试比较：

（18）a. 30年左右、#30年前后

  b. 两个小时左右、*两个小时前后

  c. 五年左右、*五年前后

"30年前后"一般会理解成"1930年前后"。

  再次,"左右"前可以是整数,也可以是小数、分数、倍数等;而"前后"前一般是整数。

  最后,"左右"前的量词基本不受限制,可以是时间量词,也可以是标准量词、个体量词、动量词等;而"前后"前的量词一般是表时间的量词。

第二部分　数字使用篇

29. 数字使用的主要原则是什么？

汉语书面语中，数字有阿拉伯数字（1、2、3……）和汉字数字之分，汉字数字又有小写和大写之分（"一"和"壹"、"二"和"贰"、"三"和"叁"……），有些数字既可以使用阿拉伯数字也可以使用汉字数字，有些数字只能使用阿拉伯数字或只能使用汉字数字。如何使用数字呢？使用数字需要遵循哪些原则呢？

据《〈出版物上数字用法〉解读》，数字的使用主要有四个原则：编码效率原则、尊重传统原则、表义清晰原则和系统一致原则。下文结合留学生作文中的用例进行说明。

29.1　编码效率原则

编码效率原则是指编码者能在最短的时间内用数字将数词表示的数目或次序准确地表示出来，而对解码者来说，则能在最短的时间内理解数字表示的数目或次序。形体（或数字的数量）的长短和是否醒目都会影响编码或解码的效率，一般来说，形体越短（数字越少）越醒目，越易节省时间，越易编码，其表示的数目或次序也越容易理解，试比较：

（1）a. 全年收入：三万六千五百八十二元

　　　b. 全年收入：36582 元

（2）a. 邮区：六八二五一；联络电话：六三四一八〇九二；手机：九〇一二七三〇七，谢谢。（新加坡）

　　　b. 邮区：68251；联络电话：63418092；手机：90127307，谢谢。

例（1）中的数字主要用于计量，例（1a）用的是汉字数字，例（1b）用的是阿拉伯数字，显然例（1b）比例（1a）更简短，因为例（1b）只有 5 个数字字符，更醒目，更易明确数字表示的数目。例（2）中的数字主要用于编码，也是例（2b）比例（2a）更醒目，更易明确数字表示的次序。因此，相对而言，阿拉伯数字比汉字数字编码效率更高，特别是数目很大、很复杂的时候，人们倾向于使用阿拉伯数字。

29.2 尊重传统原则

尊重传统原则是指有些数目应采用汉字数字来表达。留学生作文中有这样的表达：

（3）*我家有 8 口人，我是老 5。（日本）

显然，"老 5"应写为"老五"。此外，下列词语都只能使用汉字数字：

（4）万一、三叶虫、星期五、七上八下、二百五、五讲四美、白发三千丈、五四运动

这些词语是汉语中的熟语、诗句或固定说法，有些是阿拉伯数字进入中国之前就一直使用的词语，已经定型，因而应使用汉字数字，不宜使用阿拉伯数字。

汉字数字是中文书写系统固有的符号，汉字数字的使用，在中国有悠久的历史，而且汉字数字与其他汉字具有统一美感。因此，在不影响信息传递效率的情况下，有些数目、次序应使用汉字数字，这也是对中华民族悠久历史文化的尊重和传承。

29.3 表义清晰原则

表义清晰原则是指数字表示的数目或次序要清楚、明确，不能造成歧义或误解，试比较：

（5）a. 78 年

b. 1978 年

（6）a. 七八年

b. 一九七八年

用阿拉伯数字表示的年份"1978"前面的两个数字"19"省略不写,可能会变成七十八年,因而例(5a)表义不清楚,用阿拉伯数字表示的年份中的阿拉伯数字一般不能省略。

用汉字数字表示的年份在语境明确的情况下可省略前面的两个数字,如"一九七三年"可省略为"七三年",但并非所有用汉字表示的年份的前两个数字都可以省略,如例(6)"一九七八年"省略为"七八年"则可能表示概数(相邻数字连用),因而表义不清楚,不明确。类似的表达还有"一九三四年""一九四五年""一九五六年""一九六七年""一九八九年"等,它们的前两位数字都不能省略。

29.4　系统一致原则

系统一致原则又叫"同类别同形式"原则,是指在阿拉伯数字和汉字数字均可使用的时候,属于同一类别的词语应使用同一种数字形式,留学生作文中有这样的表达:

(7)*一九八八年2月上全南大学中文系。(韩国)

此例中,数字用来表示时间,单独看,月份既可以用"2月",也可以用"二月"来表示。但由于前面的年份(一九八八年)是用汉字数字表示的,而年、月、日等都是表示时间的,属于同一类别,因而这些词语应使用同一种数字形式,月份也应用汉字数字来表示,应表示为"二月"①。此例违背了系统一致原则。再如:

(8)*大牌416;门牌32　九楼;宏茂桥十道;新加坡邮区2056。(新加坡)

此例中,三处数字用阿拉伯数字,两处数字用汉字数字。虽然"九楼"和"9楼"、"十道"和"10道"在编码效率上没有明显差别(都只用一个数字)。但笔者认为,此例各个数字都用来表示通信地址,属于同一类别,因而应用同一种数字形式。由于邮区有四个数字,用阿拉伯数字比用汉字数字更醒目一些,因而此例可统一使用阿拉伯数字,即可表示为:

---

① 年份和月份也可表示为"1988年2月",都使用阿拉伯数字,遵循系统一致原则。

（9）大牌 416；门牌 32　9 楼；宏茂桥 10 道；新加坡邮区 2056。

以下留学生作文中的用例符合系统一致原则：

（10）碧山 27 街，大牌 565 号，门牌 #06-1217，新加坡邮区 563491。（新加坡）

（11）地址：28 号榜鹅路；新加坡邮区 4135；电话：9783153（065）。（新加坡）

属于同一类别的词语使用同一种数字形式，可以增强文本的整体一致性和美观度。

29.5　小结

本节探讨了数字使用的四个原则：编码效率原则、尊重传统原则、表义清晰原则和系统一致原则。这四个原则从不同角度着眼，又互相制约，依照编码效率原则倾向于使用阿拉伯数字；依照尊重传统原则，倾向于使用汉字数字。但无论是使用阿拉伯数字，还是使用汉字数字，都应遵循表义清晰原则，也就是说，表义清晰原则是其他原则的前提。系统一致原则更多地将主动权交给作者，由作者决定使用何种数字形式，但作者决定时也应兼顾其他三个原则。

30. 如何理解"同类别同形式"？

汉字数字和阿拉伯数字都可以表示数目或次序，无论选用哪一种数字形式，都要遵循编码效率原则、尊重传统原则、表义清晰原则和系统一致原则。除了一些必须使用汉字数字或必须使用阿拉伯数字的情形外，很多情形都既可以使用汉字数字，也可以使用阿拉伯数字，此时就要遵循系统一致原则，或"同类别同形式"原则[1]，下文结合留学生作文用例进行说明。

---

[1] 参见《〈出版物上数字用法〉解读》第 10～19 页。

30.1 "同类别同形式"原则的含义

"同类别同形式"原则是指表达同类数目或次序应采用同类数字形式。比如表示年、月、日等时间,应使用同一类数字形式,如"2021年4月14日"和"二〇二一年四月十四日"都是规范的,而"2021年四月十四日"或"二〇二一年4月14日"是不规范的。再如,同一层级标题使用的数字形式也必须是同类的,如"第一章、第二章……第9章"是不规范的,但如果是"第一章……1.1……一……第二章……2.1……一……",则又是规范的,虽然不同层级数字形式不一样,但同一层级数字形式一样,因而是遵循了"同类别同形式"原则的。

再看《人民日报》(2021年4月14日,第17版)的例子:

(1)南洋杉、落叶松、皂皮树、酒棕榈……一片片茂盛的森林覆盖着智利这个狭长的国家。根据联合国粮农组织发布的2020年《全球森林资源评估》报告,2010年至2020年,在森林面积年均净增加最多的前10个国家中,智利排名第四。作为南美洲的造林大国,2020年智利森林面积约为1821万公顷,占国土面积近1/4,被粮农组织誉为"拉丁美洲林业的楷模"。

此例中有很多数词,使用了不同的数字形式,如年份(2020年、2010年)使用的是阿拉伯数字,排名(第四)使用的是汉字数字,国家数(10)用的是阿拉伯数字,数量词(一片)使用的是汉字数字,分数(1/4)用的是阿拉伯数字。不过,这些数字表示的内容属于不同的类别,因而都是规范的。

值得注意的是,表示面积(1821万公顷)使用了阿拉伯数字(1821)和汉字数字(万)的结合,这主要是遵循了编码效率原则。如果全部使用汉字数字(一千八百二十一万),或全部使用阿拉伯数字(18210000),无疑会增加理解负担,违背编码效率原则。

30.2 "同类别同形式"原则和"局部体例一致"原则

与"同类别同形式"类似的说法还有"局部体例一致","局部体例一致"主要指一定范围内(如上下文)使用的数字形式要一致。"同类别同形式"和"局部体例一致"具有一致性,但也存在差异,"同类别同形式"主要是内容或功能类别决定数字形式,而"局部体例一致"主要是使用范围决定数字形式,同一范围表示的数目或次序可能类别不一样,如"来了五六个人,每人都拿着一部华为 mate70 手机",相邻数字连用的概数表达必须使用汉字数字(五六),手机型号带外文字母,因而必须使用阿拉伯数字(70),因此,它们虽然处于上下文,但要使用不同的数字形式。相比较而言,"同类别同形式"更合理一些,而且"局部体例一致"中的"局部"也较难界定,上下文、复句、句群、段落等都可以看作一个"局部"。

当然,"同类别同形式"中的"同类别"有时也较难判断,如介绍一个人,年龄、出生年月、体重、家庭住址等方面的信息算不算同类别呢?从这些信息本身来看,它们可能不属于同一个类别,但它们都跟这个人有关,因而似乎也可以看作属于同一个类别。笔者认为,此时可将"同类别同形式"和"局部体例一致"这两个原则综合起来考虑。如例(1)国家数和比例完全可以使用汉字数字,但该例使用阿拉伯数字,笔者认为这除了遵循了编码效率原则以外,也考虑了局部体例的一致性。

30.3 留学生作文数字使用分析

30.3.1 遵循原则的用例

有些留学生作文遵循了数字使用"同类别同形式"的原则,如:

(2)导游:男,三名,20 至 35 岁。(越南)

(3)我今年 40 岁,从 25 岁毕业那年就开始在一家餐馆(家乐餐店)当副经理,直到五年前才被转到(圆圆旅行公司)当副经理。(新加坡)

(4)去年的一月份,1997 年 1 月 9 日 10 点 57 分,对我来说是一辈子忘不了的时刻。(韩国)

例(2)虽然使用了不同的数字形式,但由于它们表示的内容属于不同类别("三"表示人数,"20""35"表示年龄),因而是规范的。例(3)使用了四个数词语,年龄用阿拉伯数字(40),量词"家"和"年"前面都用汉字数字(分别是"一"和"五"),由于它们表示的内容属于不同类别,因而也是规范的。

例（4）"月份"用的是汉字数字（一月份），在年月日中用的是阿拉伯数字（1月），虽然它们内容具有一致性，但也可以看作不同的类别。两者功能也不同，"月份"不能代入年月日的完整表达中，如"1997年1月份9日"是不规范的，而且"一月份、二月份……十二月份"具有成词的倾向，因而例（4）使用不同的数字形式也是规范的。

30.3.2　未遵循原则的用例

有些留学生作文的数字使用并没有很好地遵循"同类别同形式"原则，如：

（5）*永远爱你们的不孝儿子　×××　1999年10月二一日。（韩国）

（6）*爸妈，听妹妹说6月一日您们要到北京去旅游，关于有关这件事，我会提您们好好安排。（印度尼西亚）

（7）*我一九九〇年3月日本九州的重点高中，熊本高中毕业，一九九〇年4月考上熊本大学文学系，学三年中国文学后，从一九九三年四月起在中国留学，学一年汉语。（日本）

例（5）年、月用阿拉伯数字，日用汉字数词。例（6）月用阿拉伯数字，日用汉字数字。例（7）两个年、月表达（"一九九〇年3月"和"一九九〇年4月"）年用汉字数字，月用阿拉伯数字①。以上都是同类别不同形式，违背了"同类别同形式"的原则，因而是不规范的。

30.3.3　较难操作的用例

前文指出，选用不同数字形式时，虽然"同类别同形式"更合理，但有时也较难操作，试比较：

（8）a. 本人姓名×××，今年刚满二十一岁，身高1.75米，体重50公斤，五官端正，样貌清纯，皮肤白皙，留着一头乌黑的长发。（马来西亚）

b. 我是一名35岁的男性，身高1.67米，体重63公斤。（新加坡）

例（8a）年龄使用汉字数字，身高、体重使用阿拉伯数字，从这些信息本身

---

① 例（7）还有一个时间"一九九三年四月"，数字使用是规范的。

来讲，它们属于不同的类别，是人的不同特征，因而使用不同的数字形式是规范的。但综合考虑，若年龄也使用阿拉伯数字则更具有一致性。例（8b）年龄、身高、体重都使用阿拉伯数字，具有一致性。因此，"同类别同形式"原则可与"局部体例一致"原则结合起来。

再看下面的例子：

（9）地址：三十六号天文路第三座三楼01单位新加坡。（新加坡）

（10）新加坡宏茂挤一段三弄20号5楼B，早日函覆为祷。（新加坡）

（11）北京市海淀区学院路十五号北京语言学院131信箱学七号楼308号房。（日本）

（12）×××碧山12街220号新加坡邮区570106李文先生。（新加坡）

单独看，以上各例汉字数字和阿拉伯数字表示的内容都属于不同类别（路号或街号、楼号、楼层号、房屋号等），它们并没有违背"同类别同形式"的原则。相比较而言，例（12）（路号等信息采用阿拉伯数字）会比前三例更醒目，编码效率更高。例（9）～（11）可改为：

（13）地址：36号天文路第3座3楼01单位。

（14）新加坡宏茂挤1段3弄20号5楼B，早日函复为祷。

（15）北京市海淀区学院路15号北京语言学院131信箱学7号楼308号房。

标注者将下例中的汉字数字改为阿拉伯数字，也证明上述处理是合理的：

（16）本公司的联络处：中国福建省厦门市金桥路五段十号。联络电话：07-8886618 联系人：季翔。（中国）

不过也有很多例子未修改，如例（9）～（11）。再如：

（17）连络地址是：18号，人和路 新加坡 一〇八之邮区 ××× 一九九三年十二月四日。（新加坡）

（18）本人联络地址：大牌二五一，门牌十一楼，单位二九〇蔡厝港二道，邮区六八二五一 联络电话：六三四一八〇九二 手机：九〇一二七三〇七。（新加坡）

它们都可以采用阿拉伯数字形式，即改为：

（19）连络地址是：18号，人和路 新加坡 108之邮区 ××× 1993年

12 月 4 日。

（20）本人联络地址：大牌 251，门牌 11 楼，单位 290 蔡厝港 2 道，邮区 68251 联络电话：63418092 手机：90127307。

选用数字形式时，既要考虑"同类别同形式"原则，同时也要考虑"局部体例一致"原则。

31. 什么情况下使用汉字数字？

汉字数字（一、二、三；百、千、万；壹、贰、叁……）和阿拉伯数字（0、1、2、3……9）都可以用来表示数目或次序，但有些情形必须使用汉字数字，有些情形必须使用阿拉伯数字，有些情形倾向于使用汉字数字或倾向于使用阿拉伯数字，而有些情形使用两种数字形式差别不大。这一部分主要探讨必须使用汉字数字以及倾向于使用汉字数字的情形[1]，并结合留学生作文用例进行说明。

31.1　必须使用汉字数字

31.1.1　主要类型

必须使用汉字数字的主要有以下几种情形。

一、日期、时间

主要包括以下几类：

ⅰ. 中国干支纪年：壬寅年七月初八、甲子年六月二十日

ⅱ. 农历月日：腊月二十八、正月十五

ⅲ. 历史纪年：贞观五年、建武四年

ⅳ. 其他非公历纪年：藏历阳木龙年八月二十六日、日本令和四年

二、编号

序列性会议的编号：十一届三中全会

---

[1] 参见《标点符号、数字、拼音用法标准》和《〈出版物上数字用法〉解读》。

三、概数

i. 带"几"字的数字：几百、三十几天、几分之一

ii. 两个邻近数字连用：三两天、五六百个、十六七次

四、定型的词或词组

i. 缩略语：十三经、三皇五帝

ii. 固定的词和词组：一律、一方面、再三

iii. 成语、惯用语：乱七八糟、三下五除二、白发三千丈

iv. 书名、歌名、专辑名、电影名：《唐诗三百首》《海角七号》

v. 公司、组织、小区名等：二汽、中铁二十五局、翠苑五区

31.1.2　留学生规范使用数字的用例

有很多留学生作文规范地使用了汉字数字，如：

（1）我出生于<u>一九三四年正月三十日</u>。（印度尼西亚）

（2）但是<u>十几</u>年后、<u>几十</u>年后，用不少的化学物质的农地会变得贫瘠。（日本）

（3）不管<u>三七二十一</u>，绿色食品就是好。（韩国）

（4）如果原因是人多了，那岂不是违反了"人多好办事""<u>三</u>个臭皮匠，胜过<u>一</u>个诸葛亮"的熟语吗？（缅甸）

（5）那时我才<u>五六</u>岁，可当时的情形我到现在都没有办法忘记。（缅甸）

（6）为了做<u>三</u>好学生，难道这些对我们来说应具备的素质都抛弃才对吗？（韩国）

例（1）"一九三四年正月三十日"是农历计时。例（2）"十几""几十"是包含"几"的概数表达。例（3）"三七二十一"和例（4）"三个臭皮匠，胜过一个诸葛亮"是熟语。例（5）"五六"是相邻数字连用表概数。例（6）"三好"是数字缩略语。这些情况都必须使用汉字数字。

31.1.3　留学生不规范使用数字的用例

有一些留学生作文该使用汉字数字时，使用了阿拉伯数字，因而是不规范

的，如：

（7）*比如说绿色西兰花 13 块，这个价钱比一般的西兰花高 <u>3、4</u> 倍。（日本）

（8）*2000 年 <u>78</u> 月份，我回到印度尼西亚去了。（印度尼西亚）

（9）*但我们外国人的发音不太准确这个就是中国普通话有 4 个 shēng 调，我也最难的方面就是发音方面，我就是 <u>4shēng</u> 方面不太准确。（韩国）

例（7）、例（8）表达概数时使用了阿拉伯数字，应使用汉字数字，即应改为"三四""七八"。例（9）的"4 声"是专有名词，应使用汉字数字，即应改为"四声"。

还有一类不规范用例是违背系统一致原则造成的，单独看，这种情形并不一定要使用汉字数字，但由于在前后文中，数字表示的内容属于同一类，而前文用的是汉字数字，如果后文用了阿拉伯数字就是不规范了，如：

（10）*歌星迷的年龄代差不多<u>百分之 70</u> 是学生。（韩国）

（11）*现在，据世界有关部门统计<u>百分之 60</u> 的人都会吸烟特别是在亚洲。（越南）

（12）*二 00 一年 5 月 12 日（韩国）

（13）*通过一家深圳的旅行社利用假期从<u>五月 1 号</u>到<u>五月 3 号</u>去桂林了。（日本）

（14）*所以我妈妈每天早上六点起来，晚上 <u>1 点</u>睡觉了。（日本）

例（10）、例（11）"百分之"使用的是汉字数字，其后也必须采用汉字数字，因而应分别改为"百分之七十"（也可以是"70%"）、"百分之六十"（也可以是"60%"）。例（12）年份用的是汉字数字，则月份和日期也应当使用汉字数字[①]（当然年、月、日也可以全部使用阿拉伯数字）。例（13）的两处时间，月份用汉字数字，日期用阿拉伯数字不规范，日期也应用汉字数字（当然月、日可以全部使用阿拉伯数字）。例（14）的两处时间都表示时点，前文（六点）用的是汉字数字，后文（1 点）也应该用汉字数字（当然两处可以都使用阿拉伯数字）。

---

① 标注者将原文年份中间的两个数字标为阿拉伯数字"00"不是很恰当，原文汉字数字"〇〇"是正确的。

31.2 倾向于使用汉字数字

31.2.1 主要类型

有些情形既可以使用汉字数字，也可以使用阿拉伯数字，但留学生倾向于使用汉字数字。主要有三种情形：（1）编号，如年级"高三、大一、五年级"；（2）概数，主要是带有"多""余""左右""上下""约"等字的词组，如"一千多件、十余次、一千件左右"；（3）其他情形，主要是竖排古文中的数字。

下面选择年级表达和带"多"的概数表达来看留学生作文使用数字形式的情况。

31.2.2 留学生作文年级表达中的数字

留学生作文中有用汉字数字表示年级的，如：

（15）记得那时大概是小学<u>五年级</u>吧。（印度尼西亚）

（16）今年我已是<u>三年级</u>的学生了。（越南）

也有用阿拉伯数字表示年级的，如：

（17）我已经<u>3年级</u>了，时间不太多，除了汉语以外，还要学习的事情很多。（日本）

（18）因此，我只好从<u>1年级</u>A班开始学习。（印度尼西亚）

（19）爸爸、妈妈，我现在<u>4年级</u>了，快要毕业了呀！（韩国）

在留学生作文中，"年级"前用阿拉伯数字的用例共27例，占5.7%，用汉字数字的共449例，占94.3%，后者是前者的近17倍。由此可以看出，表示年级时，留学生明显倾向于使用汉字数字，这与上文提到的"倾向"是一致的。

31.2.3 留学生作文概数表达中的数字

在汉语中，常通过在数词结构后添加"多"字来表示概数[①]，"多"前的数词结构既可以使用汉字数字，也可以使用阿拉伯数字。在留学生作文中，使用汉字

[①] 不包括数词后加量词再加"多"（如"5年多"或"五年多"）的情况。

数字加"多"的例子有：

（20）小时候，我们班有<u>五十多</u>个学生。（泰国）

（21）他今年七十一岁，现在也有<u>二十多</u>个学生，每天忙着教汉语。（日本）

使用阿拉伯数字加"多"的例子有：

（22）时间的周转，岁月的消逝，现在的我已经迈<u>40多</u>冬天。（泰国）

（23）有一次我发了<u>40多</u>度的高烧，那时候真的很想死掉。（日本）

（24）首先，我们一家人还有几个人来到离首都<u>150多</u>公里远处的自然温泉医疗院。（蒙古）

有一例标注者将阿拉伯数字改为汉字数字：

（25）六十{CC60}[①]多公斤的人，不到几个月，只剩下二十{CC20}公斤的骨头架了。（孟加拉国）

在留学生作文中，带"多"字的概数表达使用阿拉伯数字的用例有24例，使用汉字数字的用例有81例，后者是前者的3倍多。由此可以看出，留学生作文中带"多"的概数表达主要使用汉字数字，这与上文提到的"倾向"也是一致的。

通过上面的分析我们可以看出，必须使用汉字数字的情形主要是为了尊重传统，留学生在数字使用上的不规范现象主要是概数表达误用阿拉伯数字。

32. 什么情况下使用阿拉伯数字？

有些情形必须使用阿拉伯数字，有些情形虽然可以使用汉字数字，也可以使用阿拉伯数字，但倾向于使用阿拉伯数字[②]。

[①] {CC}：错词标记，用于标示错误的词或成语。{CC}中"CC"的后面是错词，{CC}前是正确的词。

[②] 参见《标点符号、数字、拼音用法标准》和《〈出版物上数字用法〉解读》。

32.1 应该使用阿拉伯数字

32.1.1 主要类型

一、计量

ⅰ. 自然科学文献：$\pi=3.1415\cdots\cdots$、概率是 0.05%

ⅱ. 规格：32 开本、16 印张

ⅲ. 评分：用 1～5 分给自己评分

ⅳ. 零上、零下：零下 40℃

ⅴ. 音乐节拍：Allegro（=120）

ⅵ. 逻辑真值：1、0

ⅶ. 公差：（100±2）mm、100m±2mm

二、编号

ⅰ. 图书编号：ISBN 7-80126-734-6

ⅱ. 邮编：311121

ⅲ. 电话：86-010-87654321

ⅳ. 规章名称：GB/T 7408—2005、ISO9002

ⅴ. 分级题目编号：2.1.1

ⅵ. 公文编号：国办发〔1987〕9 号

ⅶ. 引用西文书中编号：§3.2.1

ⅷ. 音乐作品编号：OP.1

ⅸ. 与英文字母结合：B5、6G、3D

ⅹ. 上下标：A_3、B^2

三、已定型的含阿拉伯数字的词语

5G 手机、G20 峰会、维生素 B_2

32.1.2 留学生作文中的不规范用例

留学生作文中数字使用不规范的主要是邮政编码、电话号码等使用汉字数字，如：

（1）*本人联络地址：大牌二五一，门牌十一楼，单位二九〇蔡厝港二道，邮区<u>六八二五一</u>　联络电话：<u>六三四一八〇九二</u>　手机：<u>九〇一二七三〇七</u>。（新加坡）

（2）*槟城垄尾路门牌1104{CC<u>一一零四</u>}号　邮局编号：11060{CC<u>一一零六零</u>}。（新加坡）

（3）*联系地址：大牌三五五，兖羊路一巷，三楼，门牌七零一，邮局编号<u>七三零三五五</u>　联络电话：<u>零二一九七九五七八零七</u>。（马来西亚）

（4）*我的联系地址是：埼玉县所泽市绿町3-29-20。电话号码是：<u>〇四二九，二二四三六〇</u>。（日本）

因为邮政编码、电话或手机号码比较长，采用阿拉伯数字更醒目，也更易辨识，更符合编码效率原则，因此应当采用阿拉伯数字。此外，例（1）～（3）中的其他汉字数字（即使只有一个汉字数字）亦可改成阿拉伯数字，一方面更醒目，更符合编码效率原则，另一方面也更符合系统一致原则。如例（1）、例（2）、例（3）可分别改为：

（1'）本人联络地址：大牌251，门牌11楼，单位290；蔡厝港2道，邮区68251；联络电话：63418092；手机：90127307。（新加坡）

（2'）槟城垄尾路门牌1104号，邮局编号：11060。（新加坡）

（3'）联系地址：大牌355，兖羊路1巷，3楼，门牌701，邮局编号：730355；联络电话：02197957807。（马来西亚）

在留学生作文中，用汉字数字来表示邮政编码、电话或手机号码的主要是新加坡、马来西亚等东南亚国家的留学生。

32.2　倾向于使用阿拉伯数字

32.2.1　主要类型

一、计量

ⅰ．百（千）分比：89%、百分之二十

ⅱ．度量衡：15.63厘米、八十斤

iii. 温度：50 摄氏度、五十摄氏度

iv. 经纬度：北纬 10°～23°、北纬六十度

v. 比率、分数：1/2 瓶、3∶2、三分之二

vi. 倍数：6 倍、六倍

vii. 百分点：5 个百分点、六个百分点

viii. 日期、时间：5 月 4 日、五月四日

ix. 公历年月日：2021 年 3 月 14 日、364～317BC、一九九六年七月八日

x. 世纪：19 世纪、二十一世纪

ix. 时分秒：6 点 20 分、8:05、八点零五分

iix. 年代：60 年代、七十年代

二、编号

i. 页码：202 页、三十四页

ii. 图表编号：表 3-1、图 1-4、图一

iii. 带圈编号：①、㊀

iv. 带括号编号：［2］、（三）

v. 题号：1.下列正确的一项是；一、选择题

vi. 班级：8 班、五班

vii. 注释：第 238 页、第三十七页

viii. 10 以上的序数词：21 楼、三十二楼

32.2.2　留学生作文中的规范用例

现就留学生作文中的用例进行分析。

一、年月日表达

留学生作文中有不少使用汉字数字来表达年月日的用例，如：

（5）一九七〇年九月三日他们俩结婚了。（韩国）

（6）我的父亲生于一九四零年六月一日。（巴基斯坦）

（7）我在一九五八年十二月十五日出生，我有一个姐姐比我大六岁。（印度尼西亚）

上述用例，如果改为阿拉伯数字，会更醒目一些，更符合编码效率原则，如例（6）、例（7）可分别改为：

（6'）我的父亲生于1940年6月1日。

（7'）我在1958年12月15日出生，我有一个姐姐比我大六岁。

顺带说一句，例（6）用的是"零"，严格讲应该用"〇"，即应该改为"一九四〇年"。

也有少量这样的情况：留学生用阿拉伯数字，而标注者改为汉字数字。如：

（8）二零零一{CC2001}年一{CC1}月十三{CC13}号，我回到了日本。（日本）

将阿拉伯数字改为汉字数字一方面更不醒目，也不符合编码效率原则，同时"0"应是"〇"，而不是"零"。

笔者随机选了一些年份进行统计，结果如下："1980年"7例，"一九八〇年"1例；"1985年"13例，"一九八五年"11例，"1990年"19例，"一九九〇年"14例，"1995年"27例，"一九九五年"12例。由此可以看出，表达年份，留学生倾向于使用阿拉伯数字。

留学生作文中还有一种现象值得关注，即年月日采用不同的数字形式来表示，如：

（9）*我先向你们道谦，因为5月八号"父母节"的时候我没给你们礼物。（韩国）

（10）*爸妈，听妹妹说6月一日您们要到北京去旅游。（印度尼西亚）

（11）*永远爱你们的不孝儿子 ××× 1999年10月二一日。（韩国）

例（9）、例（10）月份是阿拉伯数字，日期也应该用阿拉伯数字。例（11）年月都是阿拉伯数字，日期也应该用阿拉伯数字。当然，年月日也可以全部用汉字数字。

二、年代、世纪

留学生在表达年代和世纪时，既有用汉字数字的，也有用阿拉伯数字的，如：

（12）90年代的新加坡，因为开放而接受了西方的文化和思想，男女间的关

系已经没那么保守了。(新加坡)

（13）在 21 世纪，我们已经离开保守的、落后的社会。(德国)

（14）九十年代我们开始听世界各个国家的流行歌曲。(蒙古)

（15）光阴似箭，不知不觉我们已经进入二十一世纪了。(印度尼西亚)

例（12）、例（13）使用阿拉伯数字，例（14）、例（15）使用汉字数字。两相比较，使用阿拉伯数字更醒目，编码效率更高，而使用汉字数字，更正式、庄重。

据统计，在留学生作文中，"90 年代"的用例共 15 例，"九十年代"的共 13 例，"21 世纪"的共 45 例，"二十一世纪"的共 51 例，使用阿拉伯数字和汉字数字的用例数相差不大。但在人民日报图文数据库（1946—2020 年）（2020 年 7 月 17 日检索）中，"90 年代"的用例共 11309 例，"九十年代"的共 2844 例，前者是后者的 4 倍；"21 世纪"的用例共 12002 例，"二十一世纪"的共 3207 例，前者是后者的 3.7 倍，都是使用阿拉伯数字的用例数显著多于使用汉字数字的用例数。由此看出，留学生在表示年代、世纪时数字使用的倾向与汉语母语者不尽相同。

33. "2 名设计师"的表达规范吗？

33.1 "2""二"和"两"

"2"读作"èr"，"二"也读作"èr"，因而人们自然地将两者对应甚至等同起来，认为"2"就是"二"。

"二"与"两"表示的数目虽然一样，但用法不同，特别是在量词前，一般用"两"，而不用"二"，如：

（1）a. 来了两个人。

　　b. *来了二个人。

（2）a. 买了两本书。

b. *买了<u>二</u>本书。

（3）a. 连续奋战<u>两</u>天一夜。

b. *连续奋战<u>二</u>天一夜。

33.2 "2"不等同于"二"

由于"2"和"二"同音，不少人认为二者等同，认为不能用"二"的地方也不能用"2"，如有些标注者将作文中一些量词前的"2"改为"两"，如：

（4）在这之前，我做过两{CC<u>2</u>}年导游和3年餐馆经理。（新加坡）

（5）我现在61岁，两{CC<u>2</u>}年以前退休了。（日本）

（6）今年七月份，大学放了两{CC<u>2</u>}个星期的假。（中国）

（7）但过了两{CC<u>2</u>}个星期，一点儿问题都没有了。（日本）

（8）三亚的沙滩之中比较出名的有两{CC<u>2</u>}个地方。（日本）

（9）通过两{CC<u>2</u>}个月的打工生活，我十分了解生产者的辛苦。（日本）

（10）原来下水喝水的两{CC<u>2</u>}个和尚也这么想，为什么呢？（日本）

（11）除了以上两{CC<u>2</u>}方面之外，还有很多方面。（韩国）

33.3 "2"和"二""两"的对应

阿拉伯数字"2"对应于两个汉字数字"二"和"两"，"2"既可以是"二"，也可以是"两"。"2年""2个月"等说法也可见于《人民日报》，如：

（12）主要是1年、<u>2年</u>、3年、5年、7年、10年、30年、50年长期国债。

（13）比如，我之前做<u>2个小时</u>的演讲，到40分钟时，发现有些观众坐不住了。

（14）詹祖里内阁名单的出台比预定时间晚了近<u>2个星期</u>。

（15）现在有了无人机，<u>2个人</u>1小时就能完成。

量词"年""个"前使用"2"，由此可见，"2"也可以对应"两"。当然，有些用例使用"2"还跟前文或后文使用了阿拉伯数字有关，使用"2"遵循了系统一致原则。如果使用汉字数字"两"，反而违背了系统一致原则，如例（12）：

（12'）*主要是1年、<u>两年</u>、3年、5年、7年……

留学生作文中量词前的"2",标注者并没有全部改成"两",如:

(16)我们十三个兄弟姐妹中,我排行第五,我有 2 个哥哥和 2 个姐姐,他们都很疼我。(印度尼西亚)

(17) 2 年以前,我第一次来到中国。(日本)

(18)可是 2 个月前,由于公司有很复杂的问题,我不得不退职了。(韩国)

由此看出,不同标注者对"2"和"两"的关系认识不一致。

33.4 读写一致倾向

不过,需要注意的是,虽然"2 个设计师""2 年"的说法是规范的,但受读写一致的影响,对于"2 个人""两个人"之类的表达,汉语母语者仍倾向于使用汉字数字"两",如据人民日报图文数据库(1946—2020 年)(2020 年 7 月 18 日检索),"2 个人"的用例只有 43 条,而"两个人"的有 7422 条,后者是前者的 172.6 倍;"2 年"的用例有 2237 条,而"两年"的有 72256 条,后者是前者的 32.3 倍。

34. "16、7 岁"的表达规范吗?

34.1 数字连用表示概数

现代汉语中表示概数的手段有很多,其中一种手段是邻近数字连用,如"三四月""两三百人""十七八天""气象万千""千百年来"。这里重点探讨邻近系数词连用表示概数的情况。

邻近数字连用表示概数有几点要注意:

第一,只能使用汉字数字,不能使用阿拉伯数字,试比较:

(1)a. 五六岁

　　b. *5、6 岁

例(1a)用汉字数字,是规范的概数表达;例(1b)用的是阿拉伯数字,是不规范的表达。

邻近数字连用不使用汉字数字主要是为了避免引起误会，如果使用阿拉伯数字，两个数字之间又没有停顿，就会造成偏误：

（2）a. 五六岁→*56 岁

　　　b. 十五六岁→*156 岁

　　　c. 五六十岁→*5610 岁 / *560 岁 / *5、60 岁

以上都显示，邻近数字连用表示概数时不宜用阿拉伯数字，宜用汉字数字。

第二，汉字数字连用时，中间不需要用标点符号（如逗号、顿号），试比较：

（3）a. 五六岁

　　　b. *五、六岁

　　　c. *五，六岁

例（3b）相邻汉字数字之间有顿号，例（3c）相邻汉字数字之间有逗号，这些都是不规范的。从结构上看，表示概数的两个邻近数字构成一个整体，中间没有停顿，如果加了标点符号，会使得邻近数字之间有停顿。

第三，只能是表示系数词或位数词的数字相连，试比较：

（4）a. 十五六岁

　　　b. *十五十六岁

虽然"十五""十六"可以看作邻近，但它们都是数词结构，"十五十六岁"不是概数的规范表达。

第四，一般是两个汉字数字连用，试比较：

（5）a. 五六岁

　　　b. *五六七岁

例（5b）是三个邻近汉字数字连用，不是概数的规范表达。

34.2　留学生作文中的不规范表达

邻近汉字数字连用表示概数是汉语表数法的重要内容。由于留学生对这种表数法的使用要求不是很清楚，或者教师教学时未予以足够重视，也可能受出版物或网络语言中不规范表达的影响，留学生作文中出现了许多不规范的表达，主要

分为两类：一是使用阿拉伯数字，二是邻近数字之间用标点符号。

34.2.1　使用阿拉伯数字

这种情况较普遍，可能跟阿拉伯数字较易书写、比较醒目有关，如：

（6）*比如说绿色西兰花13块，这个价钱比一般的西兰花高3、4倍。（日本）

（7）*年龄相差只不过4、5岁也常常面临沟通问题。（韩国）

（8）*2000年7 8月份，我回到印度尼西亚去了。（印度尼西亚）

（9）*比如，有一个人睡不起来7，8年的话病人的家庭已经不是家庭了。（韩国）

（10）*比如像我16-7岁孩子们都爱听流行歌。（韩国）

（11）*年龄介于12至16、7岁之间。（新加坡）

以上留学生作文用例都是用邻近阿拉伯数字来表示概数。值得注意的是，标注者只将例（10）、例（11）的阿拉伯数字改为汉字数字，而且例（11）还在"六""七"之间加顿号，这是不规范的。例（6）~（9）中的表概数的两个邻近阿拉伯数字都应该改成相应的汉字数字。此外，即使标注者在例（6）~（9）中两个相邻阿拉伯数字之间加了顿号，也是不规范的。教师（标注者）对概数表达的规范不清楚，应该是留学生作文中出现不规范表达的主要原因。

34.2.2　邻近汉字数字之间有标点符号

表示概数的邻近汉字数字之间不加标点符号，留学生作文中有不少用例符合这种规范，如：

（12）我们想烟的价格是五六块吧。（韩国）

（13）十六七岁的学生的本性是什么呢？（泰国）

有些用例，标注者会将邻近汉字数字之间的标点符号（主要是顿号）去掉，如：

（14）许多正在发育期的十五［BD、］六岁的青少年也染上了吸烟的恶习。（马来西亚）

（15）我担心再过五［BD、］六年，我父亲更想我这个儿子。（韩国）

这样修改是符合规范的，但留学生作文中也有不少用例，邻近的汉字数字之间有标点符号，标注者并未去掉，如：

（16）*我是大学毕业生，年龄三十岁、未婚，已有五、六年的工作经验。（新加坡）

（17）*上一次見到你的時候還是一個十四、五歲的少年呢！（澳大利亚）

（18）*韩国一九六、七十年代也越过人们饥饿的时代。（韩国）

（19）*阅读是我们从小学五·六年级就已经开始教了。（印度尼西亚）

邻近的汉字数字之间主要是顿号，也有用间隔号的，如例（19）。规范的表达是，这些标点符号都不需要。

有的标注者在邻近汉字数字之间添加顿号，如：

（20）*一晃八［BQ、］①九年过去了，成年的我更加感谢自己的父母。（中国）

这也是不规范的。

有些标注者将两个邻近阿拉伯数字之间的逗号或点号改为了顿号，如：

（21）*比如说绿色西兰花13块，这个价钱比一般的西兰花高3、［BC．］②4倍。（日本）

（22）*比如，有一个人瞌不起来7、［BC，］8年的话病人的家庭已经不是家庭了．（韩国）

这说明标注者不清楚邻近数字之间不能有标点符号的要求，同时也不清楚必须使用汉字数字的要求。

标注者将下例中的阿拉伯数字改成汉字数字，但在系数和位数之间加了顿号，显然是不规范的：

（23）*由于战争，灾难等的原因，五六、十｛CC5，60｝年代的人一般没有可吃的东西。（韩国）

从上面的分析可以看出，虽然留学生会用邻近数字连用的方式来表示概数，

---

① ［BQ］：空缺标点标记，用于标示应用标点符号而未用的情况。［BQ］中"BQ"的后面是所缺的标点符号。
② ［BC］：错误标点标记，用于标示使用错误的标点符号。［BC］中"BC"的后面是错误标点，［BC］前是正确标点。

但仍出现了较多不规范的表达,这一方面跟汉语这种概数表示法的独特性有关,同时,也跟有些教师不清楚相关规范有关,另一方面,教材等出版物或网络语言中出现的不规范的表达也会影响留学生对规范用法的掌握。

35. "1980年代"的表达规范吗?

35.1 1980年代

35.1.1 一种新的年代表示法

现代汉语中常出现用四个阿拉伯数字表示年代的方法,如"1980年代""2020年代",它们分别指"二十世纪八十年代"(或"20世纪80年代")、"二十一世纪二十年代"(或"21世纪20年代")。

这类表达由两部分构成:前两个数字表示世纪,而且数目上要多加"一",如"19XX年代"指"二十世纪","20XX年代"指"二十一世纪";后两个数字表示年代,如"XX80年代"是指"80、81……89"这十年。

35.1.2 《人民日报》使用情况

这种年代表示法在《人民日报》中也很常见,如:

(1)大锅饭:1960年代;学大寨:1970年代;吃冰棍:1980年代;秀春装:1990年代。

(2)据悉,本田汽车公司也决定正式开始研发电动汽车(EV),并于2010年代前期推向美国市场。

这种年代表示法应该是受外语影响的结果,如英语的"1980s"就相当于汉语的"1980年代"。相比较而言,"1980年代"这类表达比"二十世纪八十年代"或"20世纪80年代"这类表达更醒目,使用的字符也更少,更符合编码效率原则。而且,这种年代表示法有的没有对应的汉字数字形式或阿拉伯数字形式,如"2000年代"一般不写成"二十一世纪〇〇年代",更不能写成"21世纪00年代"，而要写成"二十一世纪前十年"。由此可以看出，"1980 年代"这种年代表示法符合编码效率原则，具有较强的表达力。

35.1.3　留学生作文使用及标注情况

"1980 年代"这种年代表示法在留学生作文中也可以见到，如：

（3）父亲在<u>一九四〇年代</u>移民到缅甸师光，早期在市场摆路边摊做小生意。（缅甸）

（4）对我们韩国来说，特别是 <u>1970 年代</u>，国家的要求特别严格。（韩国）

例（3）采用的是汉字数字形式，例（4）采用的是阿拉伯数字形式。

留学生作文中的这种年代表示法大多被标注者做了处理，一种处理方法是将表示年代的阿拉伯数字改为汉字数字，而且将表示世纪的数字部分略去，如：

（5）六十｛CC1960｝年代社会各方面越来越快地｛CC 的｝发展。（韩国）

（6）我们国家的生活水平八十｛CC1980｝年代以后快速提高了。（韩国）

严格意义上讲，修改后的表达不如原文准确，因为"六十年代"可以是各个世纪的"六十年代"，"八十年代"也是如此。

另一种处理方法是年代仍使用阿拉伯数字，但将表示世纪的阿拉伯数字略去，如：

（7）可是回头看 50｛CC1950｝年代的日本，不管是"化肥农作物"还是"绿色食品"，我们听也没听过。（日本）

这也不够准确，因为"50 年代"可以是各个世纪的"50 年代"。

还有一种处理方法是，保留原文数字形式，但改为"世纪＋年代"的表达，如：

（8）我父亲是二十世纪｛CC 一九｝三十年代出生的，已经六十岁了。（韩国）

（9）二十世纪｛CC 一九｝五十年代，日本经济还好。（日本）

（10）我父母念书时，曾经受过二十世纪四十｛CC 一九四几｝年代的中国教育。（印度尼西亚）

从表义的准确性角度看，两种表达是一样的，但从编码效率角度看，修改后的形式不如原文，因为后者字数更多，占更多篇幅，而且存在换算问题，无论是书写还是理解，都需要更多时间，甚至会出现换算不准确的情况，如：

（11）*父母19世纪40年代{CC1940年代}出生。（韩国）

（12）*但到了90到二十一世纪{CC2000年代}，歌典又变到观于爱情部分了。（韩国）

例（11）应该是20世纪（或二十世纪），而不是19世纪。例（12）的"2000年代"并不等于二十一世纪，相应的说法应是指"二十一世纪前十年"。

最后再提一下，留学生作文中还出现了如下表达：

（13）*韩国二十世纪{CC一九}六、七十年代也越过人们饥饿的时代。（韩国）

留学生的这种表达是不规范的，如果要保留"年代"，可以采用阿拉伯数字，改成"从1960年代到1970年代"或"1960年代和1970年代"。也可以像标注者一样用汉字数字，不过，其中的顿号应删去，即应改为"二十世纪六七十年代"。两种表达效果差异不是很明显，阿拉伯数字更醒目，而汉字数字结构更紧凑。

总之，对于年代，有很多表示法，如：

（14）a. 二十世纪九十年代

　　　b. 20世纪90年代

　　　c. 九十年代

　　　d. 90年代

　　　e. 1990—1999年

　　　f. 一九九〇年代

　　　g. 1990年代

显然，从表义清晰和编码效率的角度看，例（14g）即"1990年代"无疑是最佳选择。因此，虽然它是受外语表达影响产生的，使用时间也不长，但它是一种表达力很强的形式，使用越来越普遍。

35.2　80后

与"1980年代"这种年代表示法相类似的是"80后"这种说法，用来表示某一年代出生的群体。如"80后"一般"1980年代出生的人",即在1980年至1989年出生的人;"00后"一般指二十一世纪前十年出生的人,即在2000年至2009年出生的人。

同样,这种表达也符合编码效率原则。《人民日报》也大量使用,如:

(15)令人称赞的是,北斗卫星的背后,有一支以80后、90后为主力的科研队伍。

(16)让我印象最深的还有那些"八〇后""九〇后"乃至"〇〇后"的青年志愿者。

由上面的例子可以看出,这种表达既可以用阿拉伯数字,也可以用汉字数字,但相比较而言,采用阿拉伯数字更醒目,更符合编码效率原则,实际生活中也用得更多。如据《人民日报》图文数据库(1949—2020年)检索(2020年7月16日),"80后"共2886条,而"八〇后"只有6条,前者是后者的481倍;"90后"共2878条,而"九〇后"只有9条,前者是后者的319.8倍。

值得注意的是,这种表达中的年代一般采用位数词为"十"的简单系位构造(如"80后""70后","00"后除外),不过也可以是末项为系数词"5"或"五"的系位组合,如:

(17)大队天文测量组组长李飞战是名"85后"。

(18)八五后创业者杜翔

但末项为其他系数词(如"6""9"等)的未见。

此外,"80后""90后"等说法现在还产生了新的意义,用来戏指80多岁或90多岁的人,带有老而年轻的意味。如有一部关于西南联合大学的纪录片《九零后》,拍摄了杨振宁、许渊冲、潘际銮等16位平均年龄超过96岁的专家学者,这些学者被称为"90后"。

总之,"1980年代""85后"(或"八五后")等表达形式,可以表达丰富的内容,也符合编码效率原则,《人民日报》也大量使用,是有较强表达力的形式。

36. "二00一年5月12日"的表达规范吗？

36.1 年月日表达要点

现代汉语年月日表达有以下要点：

第一，年月日的表达顺序要按照口语中年月日的自然顺序书写（参见《出版物上的数字用法》），如表示为"1998年8月25日"（用阿拉伯数字）或"一九九八年八月二十五日"（用汉字数字）。

第二，用阿拉伯数字表示时，如果年月日都完整，可以用短横线（"-"）代替"年""月"，并将"日（号）"字删去，如"1998年8月5日"可以表示为"1998-8-5"。但如果年月日不完整，则不能这样表达，如"1998-8""1998-5""8-5"等表达都是不规范的。据此，以下留学生作文中的年月日表达都是不规范的：

（1）a. *1998，8，25
　　　b. *1998、8、25
　　　c. *1998.8.25
　　　d. *1998/8/25

第三，如果月或日是一位数，可以在数字（阿拉伯数字）前补一个"0"，如上例（1）可表示为：

（2）1998-08-25

第四，如果是用阿拉伯数字表示年份，前面两个数字不能省略，如"1998年"不能表示为"98年"，会议名称除外（参见《〈出版物上数字用法〉解读》）。用汉字数字表示年份，如果不会产生歧义，可以省略前面两个数字，如"一九九八年"可以表示为"九八年"；如果会产生歧义（特别是后两个数字是邻近数字时），如"一九五六年"，则不能表示为"五六年"，因为"五六年"可以表示概数。虽然从语境看，"五六年七月二十一日"中的"五六年"一般不会理解成概数，但为了遵循表义清晰的原则，不应使用这种表达。

第五，如果用阿拉伯数字表示的年份中含数目"0"，如"1990年"，相对应的汉字表达为"一九九〇年"，而不是"一九九零年"。因为汉字数字"〇"主要用于编号；而汉字数字"零"主要用于计量、补位，如"三千五百零二"。

36.2 留学生作文中不规范的情况

留学生在表示汉语的年月日时，主要出现如下不规范的情况（各类之间有交叉）。

36.2.1 "年""月"不是用短横线代替

有些留学生作文用阿拉伯数字表示年月日，年月不是用短横线代替，而是使用顿号、逗号等其他符号，如：

（3）a. *2001、5、12（韩国）

　　　b. *2001，5.12（韩国）

　　　c. *2001，5，12（韩国）

　　　d. *2001/4/17（越南）

以下才是规范表达：

（4）a. 2001-5-12

　　　b. 2001-05-12

　　　c. 2001-4-17

　　　d. 2001-04-17

36.2.2 年月日顺序不对

有些留学生作文年月日都很完整，但顺序不符合汉语表达习惯，如：

（5）a. *4.12.1993（新加坡）

　　　b. *9-8-1970（马来西亚）

　　　c. *3-12-93（新加坡）

　　　d. *19/3/95（马来西亚）

e. *19-3-95（马来西亚）

　　　f. *4 月 15 日 2001 年（哈萨克斯坦）

汉语一般按照年、月、日的先后顺序书写，而上面的例子有的按照月、日、年的顺序；有的按照日、月、年的顺序；有的数字所指日、月不明确，如例（5a）～（5c），第一个数字可能表示月，也可能表示日，第二个数字也是如此。这种不确定性显然违背表义清晰的原则。

36.2.3　阿拉伯数字年份省略

有些留学生作文用阿拉伯数字表示年份，但前两个阿拉伯数字省略，如：

（6）a. *93 年 12 月 4 日（新加坡）

　　　b. *93 年 12 月 3 日（蒙古）

　　　c. *01 年 5 月 12 号（韩国）

　　　d. *01，5，13（韩国）

　　　e. *12 月 4 日 93 年（新加坡）

年份前两个数字省略，会造成表义不清晰，如"93 年"可以理解为"九十三年"，应补充完整。

36.2.4　汉字数字和阿拉伯数字混用

有些留学生作文年月日采用不同的数字形式，如：

（7）a. *一九八八年 2 月（韩国）

　　　b. *一九九三年 2 月（韩国）

　　　c. *一九七零年 6 月 6 日（韩国）

　　　d. *一九九〇年 3 月（日本）

　　　e. *一九九〇年 4 月（日本）

　　　f. *二〇〇一年 5 月 12 日（韩国）

这些用例年份使用汉字数字，月、日使用阿拉伯数字，违背系统一致原则。规范的表达是统一使用汉字数字或阿拉伯数字。例（8）的各种表达都是规范的：

（8）a. 1970 年 6 月 6 日

　　　b. 1970-6-6

　　　c. 1970-06-06

　　　d. 一九七〇年六月六日

36.2.5　其他不规范的情况

留学生作文中年月日的表达还出现了其他一些问题，如：

（9）a. *2001 年 4.15 号（韩国）

　　　b. *2001.4 月（日本）

例（9a）出现了"年"字和"号"字，但"月"字未出现。例（9b）出现了"月"字，但"年"字未出现。以上两例都不符合系统一致原则，规范的说法分别见例（10）、例（11）：

（10）a. 2001 年 4 月 15 日

　　　 b. 2001-4-15

　　　 c. 2001-04-15

（11）2001 年 4 月

当然，有些表达有多个问题，如：

（12）*4/12-93（印度尼西亚；原文：4/12-93）

这种表达至少存在以下问题：第一，年月日顺序不对；第二，符号不统一（用了斜线、短横线）；第三，年份前两个数字省略。规范的表达应为：

（13）a. 1993-4-12

　　　 b. 1993-04-12

　　　 c. 1993 年 4 月 12 日

下面看题目中的问题，"二 00 一年 5 月 12 日"的表达是不规范的，规范的表达应是：

（14）a. 2001 年 5 月 12 日

　　　 b. 2001-5-12

　　　 c. 2001-05-12

d. 二〇〇一年五月十二日

此外，有关时间的表达，留学生作文书写格式上也存在一些问题，如阿拉伯数字和汉字数字的占格问题，相关问题后面再探讨。

最后，有些留学生作文年份还出现如下不规范表达：

（15）*他一九十一年在日本的高知县出生的。（日本）

（16）*从二千年至二千零四年，我在龙腾旅游公司任职为经理。（新加坡）

例（15）可能是未将年份看作序数，或者是简单地将"十一"对应于"11"，这显然是不规范的。例（16）将年份看作基数，这种表达虽然存在但不常见。

37. "0" "〇"和"零"一样吗？

37.1 "0"和"〇"

"0"是阿拉伯数字，"〇"是汉字数字，"零"可以看作汉字数字"〇"的大写。

"0"只能和阿拉伯数字共现，像"一九九0年""二00四年"这样的写法都是不规范的，不过手写的"0"和"〇"较难分辨，如：

（1）我一九九〇{CC0}年复旦英文系毕业以后，在霞飛化妝品公司那儿工作了二年。（国籍不明；原文：一九九0年）

（2）二零{CC0}零{CC0}三年我第一次来到北京。（韩国；原文：二 0 0 三年）

（3）二零三{CC203}高地是跟日露戰争有关系的地方。（日本；原文：2 0 3 高地）

例（1）标注者认为原文是"0"，改为汉字数字"〇"，但原文是两个汉字，也占一格，很难判断是"0"还是"〇"。例（2）从形状上看，是汉字数字"〇"，而不是阿拉伯数字"0"，而且它同汉字数字一样占一格，因而原文并没有写错。例（3）标注者将"203"改为"二零三"也是不合理的。这就涉及汉字数字

"〇"和"零"的区别了。

37.2 "〇"和"零"

37.2.1 "〇"和"零"功能不同

根据《〈出版物上数字用法〉解读》,"〇"主要用于编号,而"零"主要用于补位和计量。编号是指"按顺序编号数"或"编定的号码"(《现代汉语词典》),序数的典型用法就是编号。计量简而言之即"计算多少",因而,"他住在三楼"中的"三"起编号作用,而"这栋楼有三层"中的"三"起计量作用。补位是指由三个或三个以上数字构成的系位组合,其中整数部分中间某项或某几项缺失,小数部分首项或中间某项缺失,此时可用"零"来补位。如果是整数部分,连续缺失的项用一个"零"补位;如果是小数部分,缺失几项就补几个"零",如:

(4) a. 3091(三千零九十一)、3001(三千零一)、30901(三万零九百零一)
　　 b. 83.025(八十三点零二五)、6.003(六点零零三)

(5) a. 30001.003
　　 b. 三万零一点零零三
　　 c. *三万零一点零三
　　 d. *三万零零零一点零零三

例(5a)用汉字数字表达是例(5b)。

上文例(3)中的"〇"主要用于编号,而不是计量或补位,因而应为"二〇三"[①]。

下面再看留学生作文中的例子:

(6) *联系地址:大牌<u>三五五</u>冗羊路一巷,三楼门牌<u>七零一</u>,邮局编号<u>七三零三五五</u>(马来西亚)

(7) *这里附上联系地址,希望能接到贵公司的来信,421大牌,门牌<u>零八八四八三</u>、发家路、新加坡邮区670421。(印度尼西亚)

门牌号和邮政编码都属于编号,而不是计量,因而其中的"零"应是"〇"。

[①] 例(3)还涉及该说法是否为专有名词的问题。

当然，由于用汉字不太符合编码效率原则，它们都应使用阿拉伯数字，即应当改为：

（8）联系地址：大牌 355 亢羊路 1 巷，3 楼，门牌 701，邮局编号：730255。

（9）这里附上联系地址，希望能接到贵公司的来信，421 大牌，门牌 088483，新加坡邮区 670421。

上文例（2）中，年份主要也是用于编号，因而原文"二〇〇三"是正确的。

37.2.2　"零"用于年份

常见到"零"用于表年份的情况，如《人民日报》的例子：

（10）而我的朋友，已把追日旅行计划排到了<u>二零三几年</u>。

（11）<u>二零一二年</u>初夏，伦敦奥运会开幕在即，北京奥运会成功举办近四年。

这类表达在留学生书信类作文中也很常见，常常作为写信的日期，置于句尾，如：

（12）*<u>零五年九月十日</u>（美国）

（13）*<u>二零年五月十八日</u>（马来西亚）

（14）*<u>二〇〇一年五月十二日</u>（韩国）

（15）*<u>零九年九月十九日</u>（新加坡）

笔者认为，年份用"零"可能是为了显得庄重、正式。不过，为了突出"零"和"〇"的分工或区别，年份最好不使用"零"。《出版物上数字用法》也明确提出"公元 2012（年）"的汉字数字形式为"二〇一二"，不写成"二零一二"。

37.2.3　年份看作计量

年份也可以看作表计量，如"2000 年"也会读作"两千年"，这应该是受英语的影响，如"2000 年"英语读作"two thousand year"。因此，"2003 年"也可以写作"二千零三年"，留学生作文中也有这样的用例：

（16）从<u>二千年至二千零四年</u>，我在龙腾旅游公司任经理。（新加坡）

但是将年份看作表示计量时，应着眼整个年份，而不能只关注一部分，如：

（17）*韩国在<u>一九五十年</u>的时候国家很难。（韩国）

（18）*自一九九十年在英国的维尔欺斯大学毕业后，我就一直担任这份工作。（新加坡）

例（17）涉及的年份应是"1950年"，但该例将"19"看作编号（表示为"一九"），将"50"看作计量（表示为"五十"），这显然是不合理的。要么全部看作编号，写作"一九五〇"，要么全部看作计量，写作"一千九百五十年"。标注者将之改为"一九五零年"不是很规范，最好改为"1950年"或"一九五〇年"。例（18）的问题也与例（17）一致，涉及的年份应是"1990年"，但该例将年份的前半部分（"19"）看作编号（对应于汉字数字"一九"），将后半部分（"90"）看作计量（对应于汉字数字"九十"）。标注者将之改为"一九九零年"不是很规范，最好改为"1990年"或"一九九〇年"。

37.3 标注问题

最后简要谈谈"0""〇"和"零"的标注问题，除了上文提到的几例外，还有下面一些例子：

（19）青年街C一零{CC0}五号×××收。（印度尼西亚；原文是：一〇五号）

（20）在一八四零{CC0}年左右买来的。（法国；原文：一八四〇年）

（21）一九七零{CC0}年九月三日，他们俩结婚了。（韩国；原文：一九七〇年）

从原文可以看出，上面各例标注为"0"的原文都是"〇"，而且各例数字都是用于编号，原文是规范的。

此外，跟"零"有关的不规范表达有的改正了，有的保留原样，试比较：

（22）槟城垄尾路门牌1104{CC一一零四}号，邮局编号：11060{CC一一零六零}（马来西亚；原文：一一零四号，一一零六零）

（23）地址：金山路十三号，新加坡邮区零九二五。（新加坡；原文：零九二五）

同样是邮政编码，例（22）将"零"改为"0"，例（23）则未改。这些都说明标注者对"0""〇"和"零"的用法和区别不是特别熟悉，处理也不统一。

38. "5·1劳动节"的表达规范吗?

书面上,数字和标点符号、格式等往往一起使用,《出版物上数字用法》《标点符号用法》等也涉及相关内容。留学生作文中相关问题也比较普遍,现依据以上标准,择要进行探讨。

38.1 阿拉伯数字表序数后的符号

在留学生作文中,阿拉伯数字表示次序时,数字后常带标点,如:

(1)*我认为进行安乐死的话,要4个条件。1、他有治不好的病。2、几年内他肯定要死,没有希望……(日本;原文:1□……2□……)

(2)*吸烟对公众利益的影响也不能轻视。1,吸烟造成空气污染。影响市容。2,吸烟容易造成火灾……(缅甸;原文:1□……2□……)

(3)*那么应该如何解决呢? 1.可以组织世界农业专家联合,共同想尽一切办法研究,解决问题。2.发达国家应多帮助贫穷国家……(韩国;原文:1□……2□……)

(4)*原因如下:1.它是没有污染的,对人的健康无害。2.在一定程度上保护了环境。3.不使用化肥等物质……(韩国;原文:1□……2□……3□……)

例(1)用顿号,例(2)用逗号,例(3)用下脚点,例(4)甚至是下脚点和句号混用。根据《标点符号用法》"附录B(资料性附录)标点符号若干用法的说明",不带括号的阿拉伯数字、拉丁字母或罗马数字做序次语时,后面用下脚点(该符号属于外文标点符号)。据此,阿拉伯数字序号后是下脚点,而且下脚点应在数字右下角,不应该独占一格。例(4)中的"1."是规范的。

阿拉伯数字还可以加括号表示次序,留学生作文中也有一些用例,如:

(5)*在我的想法当中,在个新措施有什么义用呢? 1.)能够保护无抽烟者。2.)能够保持市容整洁……(泰国;原文:1)……2)……)

（6）*设备法律制度才可以尊重安乐死意志。观点1）一定要有本人表示希望安乐死的证据，例如书面东西、录音带等。观点2）上述证拠的正式认定制度的完善如何……（日本；原文：1）……2）……）

阿拉伯数字表示次序时，后加下脚点和带括号是相冲突的，因而例（5）阿拉伯数字后的下脚点应删去。此外，阿拉伯数字表示序号时，无论是加下脚点还是带括号，都应置于句首，而不应置于词语后，例（6）可改为：

（7）a. 完善法律制度才可以尊重安乐死意志：1）一定要有本人表示希望安乐死的证据……

　　b. 完善法律制度才可以尊重安乐死意志：1.一定要有本人表示希望安乐死的证据……

　　c. 完善法律制度才可以尊重安乐死意志：观点一，一定要有本人表示希望安乐死的证据……

38.2　阿拉伯数字表示年月日

有关用数字表示年月日的问题前文做过一些分析，下文集中讨论跟符号相关的问题。

用阿拉伯数字表示时间时，"年""月""日"常常省略，"年""月"用符号代替，留学生作文中有多种表示法，如：

（8）a. *2001.4.15（泰国；原文：2001．4．15）

　　b. *2001/4/17（越南；原文：2001/4/17）

　　c. *2001.3.9（日本；原文：2001．3．9）

　　d. 2005-09-17（新加坡；原文：2005-09-17）

甚至同一个国家的不同学生，使用符号的情况也不一样，如以下是韩国留学生作文中的例子：

（9）a. *2001/5/12（原文：2001/5/12）

　　b. *2001、5、12（原文：2001、5、12）

　　c. *2001，5.12（原文：2001，5.12）

　　d. *2001、5、12（原文：2001、5、12）

e. 2001-5-12（原文：⬜）

f. *2001，5，12（原文：⬜）

根据《出版物上数字用法》或《标点符号用法》，当阿拉伯数字用于表示年月日时，"年"字、"月"字可以用短横线"-"代替，"日"字删去，当月和日是一位数时，可在数字前补"0"以求对齐，据此，例（8d）和例（9e）是规范的写法。

留学生作文中也出现过用汉字数字表示年月日时，省略"年""月""日"等字而使用标点符号的用例，如：

（10）a. *一九九三．十二．四（印度尼西亚；原文：⬜）

　　　b. *九三、十二、四（印度尼西亚；原文：⬜）

这是不规范的，例（10）规范的表达是：

（11）一九九三年十二月四日

38.3 定型词语或专有名词中的符号

有些定型词语或专有名词涉及数字，如关于五一劳动节，留学生作文有如下用例：

（12）*我们学校"五一"时连续放七天假。（蒙古；原文：⬜）

（13）*今年中国的"五．一节。假期是比较长期。（日本；原文：⬜）

（14）*今年五·一放假的时候，我的亲妹来沈阳看看我。（日本；原文：⬜）

（15）今年五一放假的时候，我跟朋友一起去苏州旅行。（日本；原文：⬜）

（16）*"五·一"节放假的七天里，我们全家去了古镇周庄游览。（日本；原文：⬜）

（17）*最近的一个假期是"五一"劳动节。（越南；原文：⬜）

（18）*这是为了记念"五一劳动节"所以我们放假的。（印度尼西亚；原文：⬜）

（19）*下个星期我有考试，考完以后就是中国的"五一"。（泰国；原文：⬜）

用汉字数字表示跟月份相关的定型词语时，只有涉及一月、十一月和十二月的时候，才需要用间隔号，如"'一二·八'事变""'一二·九'运动"。五一劳动节不需要表示为"五·一"。而且它是已定型的专名，可以不用引号（参见《〈出版物上数字用法〉解读》）。据此，例（15）是规范的，而且"五一"后可以添加"劳动节"三个字。此外，由于这个节日传统上采用汉字数字来表达，因而不宜写作"5·1劳动节""'5·1'劳动节"等。

韩国留学生作文中还出现了如下表达：

（20）*尽管她经历了6·25战争……（韩国；原文：6·25战争）

（21）*比如说韓国以前经过了6·25戰争。（韩国；原文：6·25戰争）

用阿拉伯数字表示该事件可能是韩国的传统，所以应遵循这一传统，此外，这一事件对外国人来说可能并不熟悉，因而应加引号（即"6·25战争"）。

38.4 数值范围中的符号

表示数值范围时，可以用"到""至"等连接前后两个数值，如"三到四天""四月四日至十一日"，有时也用标点符号。不过，使用标点符号只限于采用阿拉伯数字时，而且只能采用浪纹式连接号"～"或一字线连接号"—"，两者占一个汉字的位置；不能用半字线"-"（占半个汉字的位置）或二字线"——"（占两个汉字的位置）。因为若使用半字线或二字线，可能会造成混淆，如半字线可能会与年月日的扩展式（如"2021-04-09"）相混淆，二字线可能会与破折号相混淆（参见《〈出版物上数字用法〉解读》）。

此外，当数值后有计量单位时，如果不会造成歧义，前一个计量单位可以省略，否则应保留（参见《〈出版物上数字用法〉解读》），如"3～5斤""100～200千米"都是规范的。

留学生作文中也常出现有关数值范围的表示法，如：

（22）年龄介于20—30岁之间。（新加坡；原文：20—30岁）

（23）一般是当时10～20代的人们追求的流行歌曲。（韩国；原文：10～20代）

（24）只有15岁～17岁的青少年也吸烟。（韩国，原文：15岁～17岁）

（25）*年龄介于30——40岁之间。（新加坡；原文：30——40岁）

（26）*比如像我十六七{CC16-7}岁孩子们都爱听流行歌。（韩国；原文：

（27）*男女最少八～十年不能分班。（蒙古；原文：八～十年）

（28）*到目前为止，我已带了二十～三十团到日本各地。（新加坡；原文：二十～三十团）

（29）*有一天，我跟朋友们一起在校园的草原上谈话，共有七［BD～］八个人。（日本；原文：七～八）

例（22）～（24）是规范的，其余的是不规范的。例（25）两个阿拉伯数字之间应当用一字线。例（26）会引起歧义，可以理解成16岁到7岁，所以标注者的修改是正确的。例（27）～（29）都是汉字数字表示数值范围，不能用标点符号连接。但标注者只对例（29）进行了修改（改为概数表达），例（27）可改为"八到十年"，例（28）可改为"二十到三十个团"。

39. "100"占几格？

作文考试一般在稿纸上书写，数字如何书写？占几格？这些问题看似很小，却很重要，留学生作文中常出现相关问题，应当引起重视。

39.1 阿拉伯数字的占格

《出版物上数字用法》指出，出版物中的阿拉伯数字，一般应使用正体二分字身，即占半个汉字的位置。如果将这一要求体现在稿纸上，就是一个阿拉伯数字占半格。因此，由一个或两个阿拉伯数字组成的数词语都是占一格；三个阿拉伯数字的可以占一格（为了紧凑）或两格；四个阿拉伯数字的占两格；超过四个阿拉伯数字的，也可以按照如上方法处理，不过也可以换成其他表达形式（如使用汉字数字）。

39.1.1 四个阿拉伯数字构成的数词语的占格

请看下面的例子：

（1）*元阳海拔高，大约 2000 米以上。（日本；原文①：[2|0|0|0|米]）

（2）1960 年代后韩国人民的生活好起来了。（韩国；原文：[1960年代]）

（3）2001 年 5 月 12 日（韩国；原文：[2001年|5月|12日]）

（4）*2001/4/17（越南；原文：[2001|/4|/17]）

（5）*4.12.1993（新加坡；原文：[4.|12.|1993]）

同是由四个阿拉伯数字构成的数词语，例（1）"2000"是一个阿拉伯数字占一格，例（2）"1960"和例（3）"2001"是两个阿拉伯数字占一格，例（4）"2001"和例（5）"1993"是四个阿拉伯数字占一格。四个阿拉伯数字应当占两格，例（2）、例（3）是规范的。

39.1.2　三个阿拉伯数字构成的数词语的占格

请看下面的例子：

（6）*据资料表明，吸烟者吸收有害物质是 100 多种，但在他们周围的人却吸收了 400 多种的有害物质。（泰国；原文：[100多]……[40|0多]……）

（7）如果我们继续这样下去的话，100 年之后，会有上千种病危害人类。（韩国；原文：[100年]）

（8）还有一次我取得了 99 分的时候，我爸爸说"99 分跟 80 分差不多，100 分跟 99 分却差得很大"。（日本；原文：[100分]跟[99分]）

例（6）"100"是三个阿拉伯数字占一格，"400"是前两个阿拉伯数字占一格，另一个阿拉伯数字占半格。例（7）"100"和例（8）"100"都是三个阿拉伯数字占一格。

三个阿拉伯数字构成的数词语可以占一格，以上三例中的"100"都是规范的。例（6）阿拉伯数字和汉字共占一格，因而是不规范的，其他三个数词语都是规范的。

---

① "2"在前一页最后一行的最后一个格子，"000"在后一页的第一行的前三个格子，这属于数词语跨行的现象，是不规范的。

39.1.3 两个数词语占格不统一现象

留学生作文中还出现了前后两个数词语占格不统一的现象，如：

（9）*2001 年 1 月 13 号，我回到日本。（日本；原文：2001年1月13号）

（10）a.*在 1960 年代的日本，像我父母那样没上过高中的人不少。（日本；原文：1960年代）

　　　　b.其实是我母亲 15 岁时，从九州到名古屋来。（日本；原文：15岁）

（11）*但到了 90 到 2000 年代，歌典又变到观于爱情部分。（韩国；原文：90到2000年代）

例（9）"2001"是一个数字占一格，"13"是两个数字占一格。例（10a）"1960"是一个数字占一格，（10b）"15"是两个数字占一格。例（11）前一个数字"90"是两个数字占一格，后一个数字"2000"是四个数字占一格。

四个阿拉伯数字构成的数词语应当占两格，一个或两个阿拉伯数字构成的数词语应当占一格，因而，例（9）的"2001"、例（10a）的"1960"、例（11）的"2000"是不规范的，应占两格，其余的都是规范的。

39.1.4 数字跨格现象

留学生作文中还出现了数字跨格现象，即由多个阿拉伯数字构成的数词语突破格与格的界限，跨格书写，如：

（12）*我于 2000 年到马来西亚修读旅游与管理系。（新加坡；原文①：2000）

（13）*4 月 15 日 2001 年（哈萨克斯坦；原文：4月15日2001年）

（14）*2001.4.15（泰国；原文：2001.4.15）

（15）*19-3-95（马来西亚；原文：19-3-95）

（16）*4/12-93（印度尼西亚；原文：4/12-93）

例（12）的"2000"和例（13）的"2001"出现跨格。例（14）的"2001"和"15"跨格。例（15）的"3""19"和"95"都跨格。例（16）的"12"和"93"跨格。

---

① 在该行的最后两个格子。

跨格现象可能跟稿纸的规格有关，如例（12）"0 年"所在的位置是这一行的最后一格，例（13）"1 年"也是在该行的最后一格，这样处理可能是无奈之举。跨格现象也跟符号的使用有关，如例（14）～（16）。

笔者认为，许多跨格现象可以通过上文所说的占格规范加以解决，实在无法避免的，可以采取其他表达形式，如例（15）可变成"1995 年 3 月 19 日"，或采用汉字数字形式"一九九五年三月十九日"。

39.2　汉字数字占格、跨格

一个汉字占一格，这应该比较好处理，但留学生作文中也出现了一些汉字数字占格、跨格的问题，如：

（17）*我一九九〇年复旦英文系毕业以后，在霞飞化妆品公司那儿工作了二年。（国籍不明；原文：一九九〇年……二年……）

（18）*一九九三．十二．四（印度尼西亚；原文：一九九三·十二·四）

（19）*九三、十二、四（印度尼西亚；原文：九三、十二·四）

例（17）"一九九〇"是两个汉字数字占一格，"二"是一个汉字数字占一格。例（18）"十二"是两个汉字数字占一格，其他是一个汉字数字占一格。例（19）"十二"和"九三"跨格。例（18）、例（19）还涉及相关标点符号的问题。

笔者认为，汉字数字应遵守一个汉字数字占一格的原则，教学时教师应予以强调。

39.3　相关标点符号占格

书面上，数字往往和一些标点符号配合使用，前文有所涉及，这里从占格角度简要进行分析。

请看下面的例子：

（20）*年龄介于 30—40 岁之间。（新加坡；原文：30—40岁）

（21）a.*如果有 100% 的精力，那么合理的分配方法就是 80% 为饥饿，20% 为开发绿色食品。（韩国；原文：100%……80%……20%）

b. 当然不是 100%。（韩国；原文：|100 %|）

（22）*2001—5—12（原文：|20|01|—|5|—|12|）

（23）*一九九三·十二·四（印度尼西亚；原文：|一|九|九|三|·|十|二|·|四|）

（24）*原因如下：1. 它是没有污染的，对人的健康无害。2. 在一定程度上保护了环境。3. 不使用化肥等物质……（韩国；原文：|1.|……|2.|……|3.|……|）

例（20）"30"和"40"之间用的是二字线连接号（——），应使用一字线连接号（—）或浪纹式连接号（～）。

例（21）是百分数表达，例（21a）是百分号与"100""80""20"共占一格，例（21b）是百分号独占一格。笔者认为，如果数词语是一个阿拉伯数字，数词语和百分号可共占一格，如果数词语是两个或三个阿拉伯数字，数词语占一格，百分号占一格，就像例（21b）（|100 %|）一样。当然，也可以采用汉字数字形式，如"100%"表示为"百分之百"，"80%"表示为"百分之八十"，一个汉字占一格，这样就不容易出错了。

例（22）、例（23）都是年月日表达，虽然年月日可以采用扩展形式，即用短横线或半字线（-）代替"年"字和"月"字，并删除"日"字，但这种形式并不太适合稿纸要求，例（22）用的是一字线（—），而不是半字线。至于例（23）汉字数字间使用间隔号（·）也是不规范的。笔者认为，可以采用完整形式，如例（22）可以表示为"2001 年 5 月 12 日"，例（23）可以表示为"一九九三年十二月四日"。

例（24）阿拉伯数字表序号，数字后用了下脚点（.）[①]，而且前后占格不一致，第一个下脚点与数字共占一格，后面两个数字，下脚点独占一格。笔者认为，下脚点应紧承阿拉伯数字，并共占一格，即如此例第一个数字处理（|1.|）一样。

39.4 数字跨行现象

留学生作文中还出现了一个数词语跨行的现象，即一个数词语分成两部分，一部分在上一行的最后一格，另一部分在下一行的第一格，如：

---

① 参看《标点符号用法》"附录B（资料性附录）标点符号若干用法的说明"，下脚点属于外文标点符号。

（25）*比如说韩国以前经过了6·25战争。

　　（韩国；原文：[图]）

（26）*大约2000米以上。

　　（日本；原文：[图]）

（27）*我担心再过了五、六年。

　　（韩国；原文：[图]）

例（25）"2"在上一行的最后一格，"5"在下一行的第一格；例（26）"2"在上一行的最后一格，第一个"0"在下一行的第一格；例（27）"五"在上一行最后一格，"六"在下一行的第一格。这些都破坏了数词语的整体性，是要避免的。

遇到这种情况可增减字数以使数词语连在一起，或采用其他形式。当然，数词语也要规范，如例（25）最好加引号（即"6·25战争"），因为非韩国人可能并不熟悉这一事件；例（26）可以采用汉字数字"两千"。

总之，关于作文中数字占格的问题，留学生首先应掌握各种规范，其次写作时整体布局，灵活采用适合稿纸要求的表达形式，做到规范、整洁和美观。

第三部分 数词文化篇

40. "三五"是多少?

40.1 "三五"的意义

现代汉语中,"三五"是邻近两个数字连用,表概数,如"三五人""三五十斤"。但在古代汉语中,"三五"却可以表示多个意思。

(一)表示并列,如:

(1)道以三兴,德以五成,故三皇、五帝,三王、五伯,至道不远,三五复反,譬若循连环。(《风俗通义》)

"三五"可以看作是数词略语"三皇五帝"等的再缩略。

(二)表示概数,相当于"三四",如:

(2)极少者,犹须十石为一聚;若三五石,不自暖,难得所,故须以十石为率。(《齐民要术》)

根据语境,"三五石"比"十石"少,"三五"不能做倍数解(即"十五"),也不可能是"三五"中间省略了"十"(即"三十五")。

(三)表示三个五,即十五,对应于阿拉伯数字"15",这也是一般所说的"倍数解",如:

(3)天数五,地数五,人数五,三五十五,而内藏气动。(《太平经》)

该例"三五"表示三个"五",紧接着还将"三五"表示的数目(即"十五")写出来。

"三五"表倍数,"三五之夜""三五月圆"等是常见说法,如:

(4)二八风流人,三五团圆夜,广寒宫第一枝折去也。(《全元曲》)

（5）可是更妙的是三五月明之夜，天是那样的蓝，几乎透明似的，月亮离山顶，似乎不过几尺。（茅盾《风景谈》）

（四）表示"三十五"，对应于阿拉伯数字"35"，"三"和"五"之间省略了"十"，如：

（6）第一三五回　逢君恶从官伏诛　起民间宣帝继统（《西汉野史》）

"第一三五回"是小说的章节序号，即"第一百三十五回"，"三五"显然是"三十五"，中间省略了"十"。

一般只有两个邻近数字相连才能表示概数，但是，任何两个数字相连均可做倍数解和省略"十"解。

40.2 《穆天子传》中的数字连用

《穆天子传》中有不少数字相连，它们是表倍数，还是表中间省略"十"，学界有争议。

40.2.1 表倍数

周法高（1959）指出，《穆天子传》(《四部丛刊》本）中有较多的数字连用的形式，表示倍数，如：

（7）先豹皮十，良马二六，天子使井利受之。（卷一，页五）

（8）黄金之环三五，朱带贝饰三十……天子又与之黄牛二六。（卷二，页十）

（9）天子乃赐之黄金之婴三六、朱三百裹。（卷二，页十三）

（10）天子乃赐之黄金银婴四七，贝带五十，朱三百裹。（卷二，页十四）

（11）乃赐之黄金之婴二九，银鸟一只，贝带五十，珠七百裹篙。（卷四，页十九）

（12）犬戎胡觞天子于雷首之阿，乃献食马四六。（卷四，页十九）

（13）天子射鹿于林中，乃饮于盂氏，爰舞白鹤二八。（卷四，页十九）

40.2.2 中间省略了"十"

不过卫聚贤（1931）认为，例（7）～（13）中的"二六、三五、三六、四

七、二九、四六、二八"等数目省略了"十",即它们实际应分别为"二十六、三十五、三十六、四十七、二十九、四十六、二十八"。理由主要有:

第一,虽然有"二八"(如《穆天子传》"爰舞白鹤二八")解作"十六","三五"(如《礼记·礼运》:"是以三五而盈,三五而阙")解作"十五"等倍数用法,但这是指"八""五"用作总括的名词,如"白鹤二八"是指两组八人舞鹤舞,"三五而盈"是指三次五行就圆满。《穆天子传》中的"良马二六""食马四六""黄牛二六"似乎是以"六"为总括的名词。但《穆天子传》有"良马十驷",郭璞注"四马为驷",良马应以"四"为总括的名词。而且,《穆天子传》中有如下表达:

（14）黄金之罂三六

（15）黄金银罂四七

（16）黄金之罂二九（共出现4次）

同样的东西,有三个总括的名词(六、七、九),这不合理。

第二,《穆天子传》中有"十二"(如"乃陈腥俎十二")的表达,为什么不统一将"二六"写作"十二",或者将"十二"写作"二六"?此外还有"十六"的说法(如"赐之骏马十六"),为什么不统一为"二八"?而且,《穆天子传》卷一至卷四,十以上的数字,无一处用"十"。

据此,卫聚贤（1931）认为《穆天子传》中"二六、二九、四七"等数字省略了"十"。作者还将《穆天子传》中的这些数字表达与蒙古、印度、英国、罗马等国相应数字表达进行比较,认为《穆天子传》这些数字表达与蒙古、印度、英国、罗马等国的很接近。作者还根据《穆天子传》自昆仑山以东用中国稽首礼,昆仑山以西用佛教膜拜礼,推断《穆天子传》可能受佛教的影响。

对于卫聚贤（1931）的这种观点,周法高（1959）提出了不同观点:第一,《穆天子传》"爰舞白鹤二八"中"二八"既然做"十六"(即倍数)解,其他也应如此;第二,"四七、二九"等如解作"四十七""二十九",都是奇零之数,用于赐赠,恐有未合;第三,《穆天子传》中"十二"与"二六"、"十六"与"二八"同现,这是古人属辞变换之处,如"十五"或称"三五"。据此,周法高（1959）认为《穆天子传》中的"二六、三五、四七、四九"等数字宜做倍数解,它们是不用十位计数的例子。

40.2.3 本书观点

虽然本书不赞同卫聚贤（1931）省略"十"的观点，但本书赞同卫聚贤（1936）的如下观点，即两个数字相连表倍数主要用于后一个数字为总括的名词的情形。具体来说，它主要用于表示一种布局或形式，正是在这个意义上，《穆天子传》中"黄牛二六""黄金之罂二九""黄金银罂四七"等中的"二六""二九""四七"等表示两数相乘，是倍数用法。两个数字表示赏赐或进献物品的纵横布局，如"黄牛二六"是指黄牛两列，每列六头，"黄金之罂二九"是指黄金之罂两列，每列九个，"黄金银罂四七"是指黄金银罂四列，每列七个，这样很整齐，与赏赐或进献的礼节是相符的。如果看作省略了"十"，正如周法高（1959）所说，"四十七""二十九"等是奇零的，是不整齐的。此外，不同物品可以有不同布局或形式，同一物品也可以有不同布局或形式，如同是"黄金银罂""黄金之罂"之类，可以有不同的列（二、三、四），每一列可以有不同的数量（六、七、九）。

至于卫聚贤（1931）所说《穆天子传》中"十二"（乃陈腥俎十二）与"二六"同现，有两种可能：一种可能是两者功能不同，"二六"是指物品布局或形式，而"十二"表示纯粹的数目，两者表示数目相同，只是偶合；另一种可能是"十二"做倍数解，表示有十列，每列两个。

而且，牛、马等也不一定如卫聚贤（1931）所说是以"四"（如果两数相连，后一数字是"四"）为总括名词，古代还有"天子驾六"的礼制（《五经异义》引易孟京、春秋公羊说，又见《说文解字注》）。《穆天子传》"（犬戎胡觞天子于雷首之阿）乃献良马四六"中"四六"只有做倍数解（即"四"个"六"）才与前者的礼制一致。《穆天子传》另一处"良马二六"也应做如此解。

40.3 "童子六七人"是多少人？

两个相邻数字连用是做概数解、还是做倍数解，有时也不易确定，甚至有争议，如《论语·先进篇》中的一段话：

（17）莫春者，春服既成。冠者<u>五六</u>人，童子<u>六七</u>人，浴乎沂，风乎舞雩，咏而归。

皇侃《论语义疏》引或说曰：

（18）冠者五六，五六三十也，童子六七，六七四十二也。四十二就三十，合为七十二人也，孔子升堂者七十二人也。

这是将"五六""六七"做倍数解。闻一多、季镇淮、何善周（1943）认为"话虽说得凑巧，岂不白费了心思！"有文献说孔子贤良弟子有七十二人可能是受阴阳五行思想影响，因为有些文献是"七十人"，从这个角度看，上述解释也可商榷。

41. "五湖四海"是哪五湖，哪四海？

41.1 数词略语的含义与作用

语言生活中，几个表示同类或相关事物的词语常常并列，如"农业、农村、农民""东、南、西、北、中"等，此时往往用并列的词语（项）的数目（项数）加上这些词语共同的语素或义素来表示，如前者表示为"三农"，其中"农"是三个并列词语（农业、农村、农民）的共同语素；后者表示为"五方"，"方"是五个并列词语（东、南、西、北、中）的共同义素，"三农""五方"可称为数词略语，"五方"也可称作"义素略语"（黄伯荣、廖序东，2017）。数词略语一般首字为数词，本书讨论的就是这类数词略语。

数词略语在实际语言生活中很常见，党和国家的一些方针、政策、措施、原则等也常以数词略语的形式出现，如"一国两制"方针、"两个一百年"奋斗目标、"三农"问题等等。数词略语简洁、醒目，具有独特的表达效果。

41.2 凝固化程度较高的数词略语

有些数词略语凝固化程度较高，特别是来源于古代汉语的数词略语，它们往往被辞书列为词条。据笔者粗略统计，《现代汉语词典》所收数词略语有

200 条左右，其中首字为"三"的数词略语最多，有 51 条，为"五"的有 39 条，为"四"的有 37 条，其他数词的情况是："两" 18 条、"八" 15 条、"六" 13 条、"九" 13 条、"十" 6 条、"二" 5 条、"七" 4 条；为"十"以上的（如"十三、二十四、二十五、二十八"等）有 10 条。由此可见，三至五个并列词语缩略为数词略语的居多。

41.3　结构特点

41.3.1　数词后成分来源

从结构上看，数词略语中，数词是并列项的项数，其后成分或为并列项共同的语素，或为并列项共同的义素。大略地说，新产生的数词略语，数词后成分以共同语素为主；而沿袭而来的、特别是凝固为词的数词略语（可称为"旧数词略语"），数词后成分以共同义素为主。如《现代汉语词典》首字为"五"的数词略语，其后成分为共同语素的只有 7 个，都是新产生的数词略语：

【五爱】爱祖国、爱人民、爱劳动、爱科学、爱社会主义（1982 年以前为"爱祖国、爱人民、爱劳动、爱科学、爱护公共财物"）。

【五更】一更、二更、三更、四更、五更。

【五讲】讲文明、讲礼貌、讲卫生、讲秩序、讲道德。

【五岭】越城岭、都庞岭、萌渚岭、骑田岭、大庾岭。

【五岳】东岳泰山、西岳华山、南岳衡山、北岳恒山、中岳嵩山。

【五指】拇指、食指、中指、无名指、小指。

【五洲】亚洲、非洲、欧洲、美洲、大洋洲。

这类数词略语约占首字为"五"的数词略语的 17.9%，其余 80% 多的数词略语的数词后成分是共同义素，如：

【五彩】原指青、黄、赤、白、黑五种颜色，后泛指各种颜色。

【五官】指耳、目、口、鼻、舌，通常指脸上的器官。

【五金】指金、银、铜、铁、锡，泛指金属或金属制品。

41.3.2 数词后成分形式

数词后的共同语素或共同义素主要有以下几种形式：

（一）短语，如"四项基本原则"中的"基本原则"、"五大发展理念"中的"发展理念"、"两个一百年"中的"一百年"都是短语，这类形式，新产生的数词略语居多。

（二）词，如"两学一做"（学党章党规、学系列讲话，做合格党员）中的"学"和"做"都是词。

（三）词缀，如：

【四化】①工业现代化、农业现代化、国防现代化和科学技术现代化；②指干部队伍的革命化、年轻化、知识化、专业化。

"化"可以看作词缀（或类词缀）。

（四）不成词的词根，特别是收录为《现代汉语词典》词条的数词略语，大多数是不成词词根，如：

【五官】耳、目、口、鼻、舌。

【七窍】两眼、两耳、两鼻孔和口。

"五官"中的"官"和"七窍"中的"窍"都是现代汉语不成词的词根。

41.3.3 共同语素类似引语

当数词后成分为共同语素时，这个语素更像是引语，如"五水共治"（治污水、防洪水、排涝水、保供水、抓节水）并不是指五种"水"（"污水、洪水、涝水"可以看作三种水，但"供水""节水"不是两种水，而是两种行为）。再如"四化"的"化"可看作词缀，"四化"并没有很明确的意义，甚至"四化"并不是汉语中的常见构词法（不是附加式合成词）。再如"两个一百年"，从字面意义看，它是指数量（两百年），而实际指的是某段时期建设中国特色社会主义的奋斗目标：

【两个一百年】指到2020年中国共产党成立一百年时全面建成小康社会，到本世纪中叶中华人民共和国成立一百年时建成富强民主文明和谐的社会主义现代化国家。"两个一百年"概括了这段时期内建设中国特色社会主义的奋斗目标。

(《现代汉语词典》)

有些数词略语后还会出现表示词义核心的词语，它与数词略语构成同位短语，如"两个一百年奋斗目标""四个全面战略布局""'三个代表'重要思想""三会一课制度"等，这样表义更明确。

41.3.4　数词后的量词或形容词

当共同语素或共同义素为双音节或多音节词语时，数词后常出现量词，以"个"为常，如"'三个代表'重要思想""四个全面""四个自信"；也可以是"项"，如"四项基本原则""中央八项规定"；有时还可以是形容词"大"，如"五大发展理念""三大差别"，这主要是受韵律影响的结果。

41.3.5　不是数词略语的成分

有些数词略语会与"一+X"结构前后搭配使用，如"一国两制"方针、"两学一做"学习教育、"三会一课"制度，其中的"一+X"不应看作数词略语，它仅是简称。"一带一路"建设也是简称，而不是数词略语。数词略语是对两项或两项以上并列成分的缩略。

41.4　数词略语与数量名结构

数词略语和数量名结构往往具有相关性，如"五方"和"五个方位"基本同义，"三国"是"三个国家"（但"三个国家"并非一定是"三国"）。笔者认为，两者至少在以下几个方面存在差异：

第一，数词略语几个并列项表示的对象一般很明确，可以穷尽列举，而且个体性强；而数量名结构中名词性成分表示的事物可以是概括的、抽象的，甚至是无指的。

第二，数词略语中数词和共同语素或共同义素直接组合，一般不用量词，如果添加量词，则一般不成立，试比较"五味"和"五种味"，"五种味"一般不说；有时用量词主要是受音节、韵律的影响，此时量词一般不能删去，试比较"三个代表"和"*三代表"、"四项基本原则"和"*四基本原则"，而且主要限于

"个""项"等几个量词。数量名结构一般要有量词，量词类别不限。

第三，数词略语中数词后的成分可以是语素（包括成词语素和不成词语素）、词或短语，新产生的数词略语以词或短语为主，而旧数词略语以不成词词根为主。数量名结构中的名词性成分一般是词或短语。

第四，从词类看，数词略语后的成分主要是名词性成分，也可以是动词性成分或形容词性成分，如"两学一做"中的"学"、"两个维护"中的"维护"是动词，"四个全面"中的"全面"、"四个自信"中的"自信"是形容词。数量名结构中的主要是名词性成分，如"三张桌子"中的"桌子"是名词。

第五，数词略语中数词表示的数值不是很大，以"十"以下为主，"三、四、五"最常见。数量名结构中的数词不限。

综合以上分析，"五方""三国"是数词略语，而"五个方位""三个国家"是数量名结构。当然，有时也不易区分，如"五星红旗"等。

41.5 新数词略语与旧数词略语

新产生的数词略语，这里主要是指新中国成立后产生的数词略语，《现代汉语词典》收了"三班倒、三废、三大差别、"三个代表"重要思想、三联单、三农、三陪、三通、三险、三严三实、三资企业、三座大山；四风、四个全面、四化、四维空间、四项基本原则；五爱、五大发展理念、五讲四美；八项规定；两岸、两个一百年、两限房"等数词略语。

新产生的数词略语与旧数词略语的表现也很不一样，以《现代汉语词典》所收数词略语为例，两者至少存在以下区别：

第一，新产生的数词略语对应的全称很明确；而旧数词略语有的对应的全称明确，但大多数对应的全称不明确，而且大多数侧重表现泛化意义，如：

【八节】指立春、春分、立夏、夏至、立秋、秋分、立冬、冬至八个节气。

【三皇五帝】指古代传说中的帝王，说法不一，通常称伏羲、燧人、神农为三皇。或者称天皇、地皇、人皇为三皇。五帝通常指黄帝、颛顼、帝喾、唐尧、虞舜。

【四方】指东、南、西、北，泛指各处。

【三亲六故】泛指亲戚和故旧。

【五湖四海】指全国各地。

【四边】四周。

《现代汉语词典》对以上六个旧数词略语的解释反映了这些数词略语与其全称的关系:"八节"的全称很明确;"三皇五帝"有不同全称;"四方"有明确的全称,但意义泛化;"三亲六故"全称不明,只有泛化的意义;"五湖四海"意义与全称关系极为疏远;"四边"是否有全称不明,甚至可以看作非数词略语。

第二,从音节数量看,新产生的数词略语多为多音节的;而旧数词略语多为双音节的。

第三,从词类看,新产生的数词略语,数词后面的成分是多样的,一般是名词性成分,动词性成分和形容词性成分也很常见。而旧数词略语数词后的成分多为名词性的不成词词根。

第四,新产生的数词略语后往往还有表示词义核心或类别的词语;而旧数词略语一般没有这类成分。

现在来看标题中的问题,可以看出,"五湖四海"泛指全国各地,不是指具体的"海"和"湖"。

42. 孔子有多少弟子?

汉语中不少数词语使用广泛且频率高,数目超过"十"的就有"十二""十三""二十四""三十六""七十二""八十一"等,这些数词语有什么含义?为什么有些文献偏爱使用某些数词语?这是值得探讨的问题。这里重点探讨"七十二"[①]。

42.1 文献中的"七十二"

文献中,"七十二"的说法颇为常见,如:

---

① 参见闻一多、季镇淮、何善周(1943),张德鑫(1999)等。

（1）孔子谓老聃曰："丘治《诗》《书》《礼》《乐》《易》《春秋》六经，自以为久矣，孰知其故矣，以奸者七十二君，论先王之道而明周、召之迹。"（《庄子·天运》）

（2）高祖为人，隆准而龙颜，美须髯，左股有七十二黑子。（《史记·高祖本纪》）

（3）邹忌既为齐相，稷下先生淳于髡之属七十二人，皆轻忌。（《新序·杂事》二篇）

（4）五谷邻熟，草木茂实，岁农丰年大茂。七十二日而毕。（《管子·五行》）

（5）鸳鸯七十二，乱舞未成行。（《全梁文》）

（6）故《管子》曰："桀有天下，而用不足；汤有七十二里，而用有余。"（《齐民要术》）

（7）立礼七十二遍，方始下座。（《入唐求法巡礼行记》）

"七十二"可以用来指人、物、事等。

42.2 "七十二"的文化内涵

42.2.1 "七十二"与五行

文献中的"七十二"究竟代表什么意思，是指数目（对应于阿拉伯数字"72"表示的数目），还是其他？

《史记·高祖本纪》正义对例（2）中的"七十二黑子"做了解答：

（8）七十二黑子者，赤帝七十二之数也。木火土金水各居一方，一岁三百六十日，四方分之，各得九十日。土居中央，并索四季，各十八日，俱成七十二日。故高祖七十二黑子者，应火德七十二日之征也。有一本"七十日"者，非也。

《古微书》一五引《易坤灵图》说得更具体：

（9）五帝：东方木，色苍，七十二日；南方火，色赤，七十二日；中央土，色黄，七十二日；西方金，色白，七十二日；北方水，色黑，七十二日。

说得通俗一点儿就是，一年有三百六十日，五帝对应五行，各分得七十二日。据此，"七十二"是一年三百六十日的五等分数，是由五行思想演化而来的一种术语。

由于跟五帝、五行有关，"七十二"就显得神秘、尊贵、重要，受此影响，当谈到的数目与"七十二"接近时，就会使用"七十二"。因而，有些文献中的"七十二"并不意味着它就是"七十二"，它可能是"七十""七十一"等，试比较：

（10）以德服人者，中心悦而诚服也，如七十子之服孔子也。（《孟子·公孙丑上》）

（11）仲尼，天下圣人也，修行明道以游海内，海内说其仁、美其义而为服役者七十人。（《韩非子·五蠹》）

（12）孔子周流海内，再干世主，如齐至卫，所见八十余君，委质为弟子者三千人，达徒七十人。（《吕氏春秋·遇合》）

（13）昔仲尼没而微言绝，七十子丧而大义乖。（《汉书·艺文志》）

（14）孔子以诗、书、礼、乐教，弟子盖三千焉，身通六艺者七十有二人。（《史记·孔子世家》）

（15）且七十子之徒，仲尼独荐颜渊为好学。（《史记·伯夷列传》）

（16）孔子曰"受业身通者七十有七人"，皆异能之士也。（《史记·仲尼弟子列传》）

这些都是说孔子的贤良弟子（达徒、身通六艺者、受业身通者）的数目的，但说法多样，有说"七十"的，有说"七十二"的，也有说"七十七"的，特别是同是《史记》，这三种说法都有，见例（14）、例（15）、例（16）。

闻一多、季镇淮、何善周（1943）认为孔子的贤良弟子可能就是"七十"人，因为先秦文献都记载"七十人"（当然也可能是其他数目，仅仅是取"七十"这一整数）。而例（16）中的"七十七"可能是"七十二"的误写，"七十二"则可能是汉代人附会五行系统而杜撰的，因为孔子地位极高，被称为"素王"，是玄圣，自然可以和五帝并列，自然可以得到三百六十的五分之一（即"七十二"），自然孔子的弟子数也就由"七十"变成"七十二"了，自然也可以有例（1）所说的"七十二君"的说法。

由例（8）还可知，例（2）"七十二黑子"有写作"七十黑子"的，《史记正义》认为这是错的，这也进一步印证了受五行思想影响的"七十二"在人们观念中的重要性。例（3）稷下先生人数是七十二，但《史记·田齐世家》记载淳于髡之属是七十六人：

（17）宣王喜文学游说之士，自如驺衍、淳于髡、田骈、接予、慎到、环渊之徒<u>七十六</u>人，皆赐列第，为上大夫。

写为"七十二"也应是受五行思想影响的结果。

当然，文献中的"七十余"也可能就是"七十二"，如：

（18）古者封泰山禅梁父者<u>七十二</u>家，而夷吾所记者十有二焉。（《管子·封禅》）

（19）而孔子论述六艺，传略言易姓而王，封泰山禅乎梁父者<u>七十余</u>王矣。（《史记·封禅书》）

（20）尚古之王，封于泰山，禅于梁父。<u>七十余</u>圣。（《淮南子·齐俗训》）

说的是同一件事，后两例中的"七十余"可能就是"七十二"。

42.2.2 "七十二"与太阳历

对于闻一多、季镇淮、何善周（1943）的"七十二"与五行思想有关的观点，张德鑫（1999）认为这还未最终找到这一神秘数字的源头。因为"七十二"是"三十六"的两倍，"三十六"是"七十二"的基础，只有找到"三十六"的起源，才能彻底揭开这两个神秘数字之谜。

张德鑫（1999）认为中国文明的源头可能在滇、黔、川山区的彝族社会，彝族的太阳历一年十个月，一个月三十六天，每年又分为五个季节，每个季节分雌雄（阴阳）两个月，正好七十二天。作者还认为阴阳五行说和彝族太阳历密切相关，秦始皇分天下为"三十六"郡、道教"三十六小洞天、七十二福地"等都跟彝族太阳历相结合，彝族太阳历是汉语神秘数字"三十六""七十二"的本源。

笔者认为，"七十二"并不一定要和"三十六"关联，"文起羲、炎"（梁代萧绮《〈拾遗记〉序》）中的"羲、炎"与彝族也不一定有直接关系。张德鑫（1999）认为彝族先民是伏羲、炎帝，汉族也一向被称为炎黄子孙。因此，闻一多、季镇淮、何善周（1943）对"七十二"的解释更直接，也更合理。

42.2.3 七十二变

不过，有些"七十二"表示数目多，跟五行思想的关系可能不那么直接，如文献中，描写武艺高强的人物，不管是神，是妖，还是人，一般都是七十二变化[①]，如：

（21）近日出一女将名唤姜金定，虽是一个女流之辈，赛过了那<u>七十二变</u>的混世魔王，好利害哩！（《三宝太监西洋记》）

（22）我师也曾说道，二郎神有<u>七十二变化</u>，孙行者大闹天宫，被他降过。（《说唐全传》）

（23）a. 不知袁洪有<u>七十二变</u>玄功，焉能烧的着他，袁洪早借火光去了。（《封神演义》）

b. 杨戬有<u>七十二变</u>，随化一道金光，起在空中，也照袁洪顶上一刀劈将下来。（《封神演义》）

（24）a. 他有<u>七十二变化</u>，腾那进来，盗了宝贝，装了令弟。（《西游记》）

b. 好魔王，他也有<u>七十二变</u>，武艺也与大圣一般。（《西游记》）

（25）a. 使出三十六翻身、<u>七十二变化</u>。（《说岳全传》）

b. 转折俯仰，舞动三十六路小结构；高低上下，使开<u>七十二变</u>大翻身。（《说岳全传》）

最有意思的是后面六例，a、b两例出自同一种文献，但都使用"七十二变"，这绝非巧合，应该跟"七十二"受五行影响有关，只不过它的神秘色彩淡化了，凸显的是数字本身表示数目大这一特点。

42.3 神秘数字

张德鑫（1999）从数字文化本身分析了"三十六""七十二"等神秘吉数的"数源"，个位数中最大的是"九"，《素问》就云："天地之至数，始于一，终于

[①] 据笔者检索（2021年1月28日），CCL古代汉语语料库中"七十二变"共有17例，另外"十二变"9例、"二十四变"8例、"三十六变"0例、"四十八变"0例、"六十变"0例、"八十四变"0例、"九十六变"1例、"一百零八变"0例。"十二变"主要是宫、商、角、徵、羽等的调变，"二十四变"主要是战阵中禽、兽、鱼、虫等的变化。

九焉。"在华夏文化中,"九"被称作极数、天数、圆满吉祥之数,"九"的倍数,尤其是它的四、八、十二(这些数本身也具丰富的文化内涵)倍之数"三十六、七十二、一百零八"也被认为是十分完美的神秘之数。这种解释有一定的道理,将不同的神秘数字(如"三十六""一百零八"等)统一起来了,但如何将数字本身与上文所说的受五行思想影响(闻一多、季镇淮、何善周,1943)或受彝族太阳历影响(张德鑫,1999)协调起来,有不少困难。

笔者认为,"七十二"的使用或风行,最主要的是受五行思想的影响。同时,由于这一数字本身表示的数目较大,这一特点也不断得以凸显,因而可以表示数目大,表示力量超群、武艺高强。除此之外,"三十六""一百零八""十三",乃至"一、二……十"都蕴含深厚的文化内涵,这可能跟神话、宗教有关,也可能是受宇宙观、方法论的影响,或者只是一种谐音、谐义、类比互渗现象(张德鑫,1999)。这些数字所表示的文化内涵及其影响因素值得进一步探讨,张德鑫(1999)做了详细的分析。

43. 什么是数词框式词语?

43.1 配对数词位置

数词可以出现在四字词语中,而且往往是两个数词互相配对,主要构成"数$_1$A数$_2$B""A数$_1$B数$_2$""A数$_1$数$_2$B"等形式,前两类可以看作数词框式结构,相应的词语可以称为数词框式词语,《现代汉语词典》就收录了不少这类词语。

43.1.1 "数$_1$A数$_2$B"式

如《现代汉语词典》中"数$_1$"为"一"的词条就有[①]:

　　i. 一……半……:一鳞半爪、一星半点儿、一时半会儿

[①] 不考察如下词语:"一国两制""一带一路""一失足成千古恨""一物降一物""一是一,二是二"。

ⅱ. 一……一……：一板一眼、一步一个脚印、一唱一和、一朝天子一朝臣、一个萝卜一个坑儿、一模一样、一丝一毫、一心一德、一心一意、一字一板

ⅲ. 一……二／两／双……：一差二错、一穷二白、一石二鸟、一来二去；一搭两用儿、一刀两断、一举两得；一箭双雕

ⅳ. 一……三……：一波三折、一国三公、一亩三分地、一日三秋、一问三不知、一隅三反

ⅴ. 一……九……：一言九鼎

ⅵ. 一……十……：一目十行、一曝十寒

ⅶ. 一……百……：一倡百和、一唱百和、一呼百应、一了百了

ⅷ. 一……千……：一发千钧、一刻千金、一诺千金、一日千里、一泻千里、一掷千金、一字千金

ⅸ. 一……万……：一本万利

由此可知，"一A一B"（10个）、"一A千B"（7个）、"一A三B"（6个）框式的词语较多。

在《现代汉语词典》中，"数$_1$"为系数词的框式词语或框式结构有：（1）"数$_1$"为"一"的，框式词语43个，框式结构4个；（2）"数$_1$"为"三"的，框式词语15个，框式结构1个；（3）"数$_1$"为"四"的，框式词语6个，框式结构1个；（4）"数$_1$"为"七"的，框式词语1个，框式结构1个；（5）"数$_1$"为"五"的，框式词语8个，未见框式结构；（6）"数$_1$"为"十"的，框式词语6个，未见框式结构；（7）"数$_1$"为"九"的，框式词语4个，未见框式结构。"数$_1$"为"六"和"八"的未见词条。

43.1.2 "A数$_1$B数$_2$"式

这类框式词语较少，《现代汉语词典》中列为词条的如：

说一不二、说三道四

43.1.3 "A 数₁数₂B"式

"数₁数₂"主要是"七八",《现代汉语词典》列为词条的如：

乌七八糟、污七八糟、零七八碎、乱七八糟

此外还有一些包含两个或三个数词的词语,如"三三两两""七老八十""三六九等"等,它们数量较少,这里不做探讨。

由上面的分析可以看出,这三种形式中,"数₁A数₂B"式最多。

43.2 配对数词类型

从配对数词表示的数目关系来看,数词框式词语主要分为以下几类。

43.2.1 两个数词相同

《现代汉语词典》列为词条的如：

一模一样、一丝一毫、一朝一夕、一字一板；九天九地；十全十美；百发百中

这样的词语共有 18 个,其中为"一"的有 13 个,为"百"的有 3 个,为"九""十"的各有 1 个。这些词语一般表示数量多、程度深、时间长等。

43.2.2 两个数词相邻

《现代汉语词典》列为词条的如：

一丁半点儿；一石二鸟、一刀两断；三长两短、三心二意；三从四德；四分五裂；五颜六色、五黄六月；七情六欲；十拿九稳

这样的词语共有 28 个,除"一丁半点儿"表示数量少外,其他都是表示数量多、程度深、要求严、把握大等。

43.2.3 两个数词相近（数目相差 2）不相邻

《现代汉语词典》列为词条的如：

一隅三反、一问三不知；三令五申；五大三粗；五劳七伤

这类词语共 11 个，其中配对数词为"一"和"三"的有 6 个，配对数词为"三"和"五"的有 4 个，配对数词为"五"和"七"的有 1 个。"一隅三反、一问三不知"主要表示差异大；后面几个词语表示数量多、程度深等。

43.2.4　两个数词具有倍数关系（不包括和"一"配对的情况）

《现代汉语词典》列为词条的如：

四面八方、四时八节；九流三教；三姑六婆、三亲六故；五光十色；百孔千疮；千山万水

这类词语共 22 个，其中"千""百"配对的有 6 个，"千""万"配对的有 5 个，"四""八"配对的有 4 个，"三""六"配对的有 3 个，"三""九"配对的有 2 个，"五""十"、"十""百"配对的各有 1 个。由此可以看出，这种情况主要是位数词之间的配对。这些词语一般表示数量多、程度深、苦难多等。

43.2.5　两个数词相差很大

《现代汉语词典》列为词条的如：

九死一生、一言九鼎；四两拨千斤；三灾八难；一呼百应、一唱百和、一倡百和、百里挑一；一日千秋、一掷千金、一泻千里；一曝十寒、一目十行

这类词语共 35 个，两个数词其中一个数词为"一"的有 30 个，而且，另一个数词为"万""千""百""十"等位数词的有 27 个。由此可以看出，这类词语主要以位数词和"一"配对为主，它们表示的数目相差很大，这类词语主要表示反差大。

43.3　配对数词大小

从配对数词数目的大小看，主要有三种类型。

43.3.1　两个数词一样

《现代汉语词典》列为词条的有 18 个，如：

一个萝卜一个坑、十全十美、百战百胜

43.3.2 前大后小

《现代汉语词典》列为词条的有 35 个，如：

三长两短、九牛一毛、十拿九稳、五大三粗、万无一失、千姿百态

其中，后一数词为"一"的共有 12 个。

43.3.3 前小后大

《现代汉语词典》列为词条的有 57 个，如：

一本万利、四时八节、三灾八难、三纲五常、百孔千疮、千军万马

由此可以看出，配对的两个数词主要依照从小到大的顺序安排，这也符合一般的认知习惯。

44. 为什么"三天两头"表多，"三言两语"表少？

44.1 数词意义差异

数词框式词语中数词所在的位置不同，数词搭配格局不同，数词的表义情况也就不同。"数$_1$A数$_2$B"式中的数词不少还表示数目，而"A数$_1$B数$_2$"式、"A数$_1$数$_2$B"式中的数词基本不表示数目，如《现代汉语词典》对一些数词框式词语的解释：

【说三道四】随意评论；乱加议论。

【说一不二】❶形容说话算数；❷形容专横，独断专行。

【乱七八糟】形容混乱；乱糟糟的。

【三纲五常】封建礼教所提倡的人与人之间的道德标准。三纲指父为子纲、君为臣纲、夫为妻纲。五常传说不一，通常指仁、义、礼、智、信，简称"纲常"。

【一倡百和】一人首倡，百人附和，形容附和的人极多。

"说三道四""说一不二"是"A数$_1$B数$_2$"式词语，"乱七八糟"是"A数$_1$

数$_2$B"式词语,其中的数词不再表示数目。"三纲五常""一倡百和"是"数$_1$A 数$_2$B"式词语,其中的数词还表示数目。

有的"数$_1$A 数$_2$B"式中的数词虚化或泛化,但其意义与原数目的联系还是可见或可推知的,如:

【四面八方】泛指周围各地或各个方面。

【四面】东、南、西、北,泛指周围。

【八方】指东、西、南、北、东南、东北、西南、西北,泛指周围各地。

【七情六欲】指人的各种情感和欲望。

【七情】人的七种感情,一般指喜、怒、哀、惧、爱、恶、欲。

【六欲】佛教指色欲、形貌欲、威仪姿态欲、言语音声欲、细滑欲、人想欲六种欲望,泛指人的各种欲望。

虽然"四面八方"中的"四"和"八"的数目意义不凸显(表泛指),但"四面""八方"中的数词数目意义还是比较实在的。"七情六欲"与"七情""六欲"也是如此。

"数$_1$A 数$_2$B"式中的数词的数目义不明显,主要有以下情况:(1)"数$_1$"为"一";(2)"数$_2$"为"一""二"或"半"等数目较小的数词;(3)"AB"常常为一个词,如:

【一差二错】可能发生的意外或差错。

【一穷二白】形容基础差,底子薄(穷,指工农业不发达;白,指文化科学水平不高)。

数词框式词语有时指多,有时指少,甚至配对数词相同的词语意思也不一样,如:

【三天两头儿】〈口〉指隔一天,或几乎每天。

【三言两语】指很少的几句话。

"三天两头儿"指多,"三言两语"指少[①],为什么会有这种差异呢?跟哪些

---

① 当然,这里所说的"指多""指少"是概括的说法,"指多"除了表示数目大以外,还包括次数多、程度深、分量重、收获大、差距悬殊等意义;而"指少"还包括次数少、程度浅、分量轻、收获少等意义,这些意义都可以看作数目义的引申。

因素有关呢？

44.2 表多

数词框式词语表多的主要是以下几种情况：

第一，数词本身表示的数目大，"三"（含"三"）以上的数词表示的数目一般都比较大，如：

【三亲六故】泛指亲戚和故旧。

【四分五裂】形容分散、不完整、不团结。

【五花八门】形容花样繁多或变幻多端。

【五光十色】形容色彩鲜艳，式样繁多。

第二，两个数词表示的数目差距小，比例大，如：

【三天两头儿】〈口〉指隔一天，或几乎每天。

【三天打鱼，两天晒网】比喻学习或做事缺乏恒心，时常中断，不能坚持。

"三天两头""三天打鱼，两天晒网"换算成比例是"三分之二"，比例较大。

第三，两个数词结构之间存在因果、转折等关系，如：

【一石二鸟】投一块石子儿打到两只鸟。比喻做一件事情，同时达到两个目的。

【一国三公】泛指事权不统一。

【一言九鼎】一句话的分量像九鼎那样重，形容所说的话分量很重，作用很大。

以上三个数词框式词语的两部分之间都隐含转折义，如"三天打鱼，两天晒网"中间可以添加"但是"：三天打鱼，但是两天晒网。

44.3 表少

数词框式词语表少的主要是以下两种情况：

第一，数词本身表示的数目小。比较下面三个词语：

【三言两语】指很少的几句话。

千言万语：形容非常多的话[1]。

---

[1] 《现代汉语词典》中，"千言万语"未立词条，但数词框式结构"千……万……"（形容非常多）举了"千言万语"的例子。

【一时半会儿】指短时。

"千""万"比"三""二"大得多,前者指多,后者指少。"一"和"半"数目都小,所以"一时半会儿"指少。

第二,两个数词结构构成并列关系。"三言两语"中"三言"和"两语"是并列关系,"三""两"都可以表少(另"三三两两"也是指少),自然"三言两语"可以表少。再如:

【一朝一夕】一个早晨或一个晚上,指非常短的时间。

"一朝"和"一夕"也是并列关系,所以也指少。

此外,数词框式词语中两个数词的位置也会影响整体意义,试比较:

【一言九鼎】一句话的分量像九鼎那样重,形容所说的话分量很重,作用很大。

【九牛一毛】比喻极大的数量中微不足道的一部分。

"一言九鼎"数词从小到大,指多;"九牛一毛"数词从大到小,指小。这可从汉语一般焦点在句尾的角度进行解释。

虽然数词框式词语既可以指多,也可以指少,但由于表示数目少的词语一般只有"半""一""二"等,所以,数词框式词语表多的较常见,表少的不常见。前后数词都为"一"的框式词语很多,如:

【一心一德】思想统一,行动一致。

【一心一意】心思、意念专一。

由于两个"一"表全部,所以也是指大。

45. 为什么"二百五"是骂人的话?

45.1 含义

"二百五"是骂人或自嘲的话,《现代汉语词典》也立了词条:

【二百五】❶〈口〉名讥称做事莽撞,有些傻气的人。❷形做事莽撞,有些傻气。❸〈方〉名半瓶醋。

《现代汉语词典》对"半瓶醋"的处理是：

【半瓶醋】〈口〉名比喻对某种知识或某种技术只略自一二的人。也说半瓶子醋。

笔者认为，"二百五"的核心义素是"傻"（不明事理，不合时宜）。说话不正经、办事不认真、好出洋相等都可以是"傻"的具体体现，但"二百五"语义程度较轻，大概正因如此，它还可以用来自嘲。

当然，由于侧重点不同，"二百五"在实际使用中往往呈现多种意思，如：

（1）郎氏老三本来就是个"二百五"，此时更来了精神儿，叉着腰说："我有路子！"

（2）他们叫我小神经，是因为我有点儿二百五。

（3）更加懂得如何一针见血地去反击不长脑子的二百五们。

（4）这哪里是毒蛇，这简直就是一个不食人间烟火的"二百五"。

（5）大手花钱败家的不要，墨守成规惯守摊儿的不要，不懂人情交际的"二百五"不要。

（6）王玉梅身上总透着一种大家子气，王玉芳就像个二百五似的。

例（4）"二百五"受"不食人间烟火"修饰，例（5）"二百五"受"不懂人情交际"修饰，例（6）"二百五"与"大家子气"相对。以上三例都可以归结为"不明事理，不合时宜"。例（3）"二百五"受"不长脑子"修饰，表面看是笨，其实还是指傻。

45.2 来源

关于"二百五"的来源，有各种说法，而且有地域特点，张德鑫（1999）列举了七种说法，这里简单做个介绍。

45.2.1 "二把五"说

汉代有句名谚"只知二五，不知一十"（《史记·越王勾践世家》记为"是知二五而不知十也"），意思是只知道有两把五个指头，而不知十个指头，这样的人自然十分可笑。后来,"二把五"就被讹传成"二百五",用来指看问题片面、不聪明的人。

45.2.2 "半吊子"说

与古钱币有关,古钱币为圆面方孔的铜币,中间用绳子串起来以利携带,一千个铜币为一吊,五百个铜币为半吊,相比一吊,半吊自然不足数,人们就将"半吊子"称对事物不懂装懂的人。二百五(十)个铜币又是半吊的一半,自然更不足数,这样二百五就用来指十足的笨蛋。

45.2.3 "半封"说

跟银两有关,旧时银子五百两是一封,二百五(十)两就是半封,"半封"与"半疯"同音,这样,二百五就用来指办蠢事的人。

45.2.4 "元宝"说

主要出自湖南方言,作为银钱的元宝给人笨重、不灵活的感觉,因而"宝"字就被赋予"呆傻"的意义。湖南方言将有些傻、又显得憨厚的人称为"宝崽""宝里宝气",一个元宝显得笨重,用二百五(十)两银子铸成的大元宝就更笨重了,因而"二百五"就用来指大傻式的人。

45.2.5 "二板五"说

源于牌九赌博。牌九中有"二板"(四个点)和"幺五"(六个点)两张牌,它们配在一起是十个点,被称为"毙十","毙十"在牌九中是最小的,什么牌都比它大。"二板""幺五"简称为"二板五",就用来形容那些什么事都做不了管不了的人。随着时间的推移,"二板五"又被称作"二百五",自然"二百五"就是什么事都做不了的人。[①]

---

① 参见查显民(1991)。

45.2.6 "梁山伯"说

源于越剧《梁山伯与祝英台》。剧中梁山伯与祝英台同窗三年，朝夕相处，竟不知祝英台是女性，而且，十八相送时，祝英台一再暗示对他的爱，甚至几近点破，梁山伯还是毫无察觉，戏文中也讥称他为"呆头鹅"。越剧用的是绍兴话，在绍兴话中"山伯"与"三百"音近，"三百"自然可被赋予"憨呆"的意思，二百五比三百少，自然更憨呆了。于是，浙江一带"二百五"就用来专指那些憨呆到家的笨伯了。

45.2.7 "苏秦被害"说

此说流行于陕西一带。苏秦是战国时期的名士，挂六国相印，遭人妒恨，在齐国被人暗杀，凶手一直找不到。齐王设计，称苏秦是大奸臣，要重赏杀害苏秦的人一千斤黄金，结果有四个人来宣称自己是杀害苏秦的人，并要求得到重赏。齐王问四个人如何分一千斤黄金，四个人一齐回答每人两百五十斤，齐王大怒，叫人将四个"二百五"拉出去斩了。

除以上说法外，还有一些说法。比如有一个说法是，有个秀才晚年喜得两子，给他们起名字，一个叫成事，一个叫败事。一天秀才上街，叫妻子敦促两个儿子写字，大儿子写两百个，小儿子写三百个。秀才回来问儿子字写得怎样，妻子回答，成事不足，败事有余，都是二百五。

还有一种说法是，有个傻瓜，家道中落，一天去卖传家宝，上面写着"卖金二百五十八两"，卖的时候，有人跟他讨价还价，只肯给二百五十两，这个傻瓜想二百五十就二百五十，就卖了二百五十两，别人就笑话他少卖了八两金子，是笨蛋一个。

45.3 关于来源

"二百五"的种种说法中，张德鑫（1999）所列第三种说法（"半封"说）接受性较广。其余说法理据性都不是很强，都不太经得起推敲，如"苏秦被害"说，史书（如《史记》《汉书》等）中并没有相关记录。而且这种说法有多种版本，有的相差较大，甚至有矛盾之处，如有的版本说计策是苏秦临死前告诉齐王的，有的版本说是齐王想出来的。再如，"二把五"说和"二板五"说，普通话里，"二把五""二板五"与"二百五"读音并不完全相同（主要是"把""板"和"百"读音不同），如果考虑到方言，它们之间的差异更大，如"百"是入声字，"把""板"都不是入声字。再如"半吊子"说和"梁山伯"说，它们涉及的数目（五百、三百）跟二百五并没直接的、必然的关系，如四百、三百都比五百少，一百、二百也比三百少，但四百、三百、一百、二百并没有"二百五"的意思。

而且，这些说法中的"二百五"与现在常说的"二百五"意思相差较大，如据张德鑫（1999），"二把五"说中的"二百五"是指看问题过于片面或不太聪明的人，"半吊子"说中的"二百五"指十足的笨蛋，"二板五"说中的"二百五"指的是什么事都做不了也管不了的人……，这些侧重于"笨"（《现代汉语词典》"笨"的第一个义项是"理解能力和记忆能力差，不聪明"），而现在"二百五"主要指"傻"（《现代汉语词典》"傻"的第一个义项是"头脑糊涂，不明事理"），两者意义侧重点不同，如果认为两者相关，只能解释为语义发生了变化。即使是接受性较广的"半封"说，其"二百五"也是指"疯"（《现代汉语词典》"疯"的第一个义项是"神经错乱，精神失常"），与傻语义侧重点也不同。

笔者认为，有关"二百五"的种种说法，很可能是这些说法的创造者已知"二百五"的意思，然后再杜撰出来的。也就是说，是先有"二百五"，然后才有这种种说法。从这个意义上说，"二百五"的来源仍然不明。但即使如此，这些说法仍从不同角度解释了"二百五"的意义和影响，增添了"二百五"的趣味性。

45.4　其他数词詈骂语

汉语中，除了"二百五"用来骂人外，"九百""三八""二""六二"等也可以用来骂人，意思与"二百五"接近，但它们限于一时（如"九百"指神气不足，主要用于古代）或一地（"三八"主要指不正经的女孩子，主要用于台湾；"六二"指不合时宜，傻头傻脑，主要用于江浙一带），都不及"二百五"普遍，这里就不具体探讨了。张德鑫（1999）对"九百""三八""十三点"等有较详细的探讨，可参看。

第四部分　数词教学篇

46. 数词教学要注意哪些问题？

46.1　注重数词研究的系统性，也注重数词教学的适切性

数词表面看起来简单，但涉及很多理论问题，有很多问题很复杂、有争论，下面列举一些：（1）数词的分类问题，学界看法很不一致，如：概数词是否与系数词并列？系数词表次序时是不是序数词，如果是的话，系数词与序数词是否还是并列的？（2）数词和数词结构的区别问题，如："二十"是数词，还是数词结构？按照黄伯荣、廖序东（2017），它和"二百二十"等一样是复合数词；而按照朱德熙（1982），它既可以看作复合数词，也可以看作数词结构（系位构造）。再如："一、二……九"是数词还是数词结构？如果认为它们后面是个位，则它们都是简单系位构造。（3）"十"是位数词，还是系数词兼位数词的问题，有的文献认为它既可以是系数词，如可以说"十万"；也可以是位数词，如可以说"二十"。但也有不少文献认为"十"只是位数词，不是系数词。（4）"三十来斤""五百多块"中的"来""多"是数词（概数词）还是助词？

这些问题涉及数词系统的问题，如关于"十"，笔者认为它是位数词，"十万"其实是"一十万"省略了系数词"一"，可比照"二十万""九十万"，因而"十万"是复杂系位构造。如果认为"十万"中的"十"是系数词，而"二十"中的"十"是位数词，显然割裂了两个"十"的一致性。再如"三十来斤"中的"来"不宜看作数词，虽然它与"三十三斤"中的"三"的分布具有一致性，但在更多场合，"来"和"三"差异很大，特别是"三"的典型特征（如后接量词、位数词），"来"并不具备，比较"三个"与"*来个"、"三万"与"*来万"、"三十"

与"*来十"、"十三"与"?十来",因而不宜将"来"看作数词。

但在进行数词教学时,教师不宜将上述知识简单套用,不然会人为增加数词教学的难度。教学应以简易、适切为要,如关于"十"是位数词,还是系数词兼位数词,笔者认为不如索性就认为"十"是系数词兼位数词,在系数词后是位数词,在位数词前是系数词,这样规则较简明,易于把握。再如"三十多岁"中的"多",虽然它比"来"更具有数词的特点,比较"多个"与"*来个"、"三十多"与"?三十来"("来"后要加量词),我们会发现"多"与典型的数词仍有一定差异,因而教学时教师也可以将"多"看作概数助词。

总之,数词研究和数词教学密切相关,但有时也需要分开处理,数词研究强调系统性,数词教学强调适切性。

46.2 注重数词知识和数词文化的结合

汉语数词或数字蕴含丰富的文化知识,数词文化是汉语教学的内容之一,是展示汉语文化博大精深的窗口,是增强汉语教学趣味性的重要突破口。但也应认识到,数词文化复杂丰富,即使是同一个数词,蕴含的文化可能也不同,如"一"既可以表示"少、轻"等(如"一事无成"),也可以表示"多、重"等(如"一言九鼎")。再如,同样是"三……两……"构成的成语,"三天两头"表示多,而"三言两语"表示少。

而且很多数词文化显得抽象、灵动,不易概括,不易把握(这也跟文化本身的复杂性有关),如"三十六""七十二""一百零八"蕴含的文化知识是什么,并不容易说清楚,它们可能只是中国人喜欢使用的数词结构而已。

进行数词文化教学时,教师不应抽象、宽泛地讲文化。数词文化教学应落实到数词本身,通过实例分析使学生切实地感受数词文化。特别是通过对大量实例进行分析,反复示例,使学生体会到数词文化确确实实的存在(虽然具体是什么文化,不一定能概括得出)。

而有些数词文化很深奥很复杂,如五行、天文等,本身比较难掌握,对留学生来说这些内容更难,教师可以少讲,甚至可以不讲。

46.3 重视数词的用法，也重视数字的使用

以往的数词教学比较注重数词的用法，但通过对 HSK 动态作文语料库进行分析，笔者认为留学生的数字使用教学也不容忽视。

如关于年月日的顺序，马来西亚学生有 55.2%（16/29）的用例不符合要求，新加坡学生有 28.2%（35/124）的用例不符合要求。再如关于年份（用阿拉伯数字表示）简写的情况，马来西亚学生、新加坡学生、日本学生和韩国学生的简写形式与完整形式的平均比例为 1∶4，比例并不低。此外，留学生作文中常出现连用阿拉伯数字表示概数（如"*7、8 月"）、连用的汉字数字之间有标点符号（如"*五、六点钟"）、用"零"来表示年份中的"〇"（如"*二零零八年"）、年月日数字形式不统一（如"*二〇〇一年 5 月 12 日"），以及四个阿拉伯数字占一格或三格等情况。

关于数字使用规范，国家出台了相关标准：《出版物上数字用法》（GB/T 15835—2011）、《标点符号用法》（GB/T 15834—2011）；也有相关文献对这些标准做了解读，如《〈出版物上数字用法〉解读》《〈标点符号用法〉解读》，因而数词教学应树立规范使用数字的意识，教师应熟悉相关标准或规范，并通过比较不同语言的数字使用规范以及不断训练来强化汉语数字使用规范。另外，对日常两可的情形，教师也应对学生加以引导。

46.4 注重数词的共性教学，也重视分国别教学

不同语言的数词有共性，但更存在差异。因而教学时，教师要对汉语数词有特色的用法予以强调，并根据不同语言数词用法的异同，进行分国别教学。

如英语中没有对应的汉语大数位数词"万"和"亿"，这就要求教师对说英语的留学生进行重点教学，特别是训练他们将汉字数字转换成阿拉伯数字（主要是为了理解）、将阿拉伯数字转换成汉字数字（主要是为了表达）的能力。

再如年月日顺序问题，主要出现在马来西亚、新加坡等国学生的作文中，对于这两个国家的学生，年月日顺序的数词教学应予以强化。

47. 数词教学常用的方法有哪些？

47.1 什么是教学方法？

教学方法有多种理解，有很多分类，如它可以指教学法流派或教学法体系，如张新明（2012）概括了九种影响较大的第二语言教学法流派：(1) 语法—翻译法；(2) 直接法；(3) 听说法；(4) 视听法；(5) 认知法；(6) 全身反应法；(7) 交际法；(8) 自然法；(9) 任务型教学法。

教学方法也可以指具体的教学方法，如程棠（2008）提到，从第二语言教学的历史看，语法教学的方法大致有三种：(1) 演绎法；(2) 归纳法；(3) 类比法。

教学方法还可以指为达到教学目的而采用的具体的教学技巧或教学手段，如听写、图示、重复等等（崔永华、杨寄洲，1997）。

由此可以看出，以上所说教学方法的所指由大到小，由概括到具体。当然，各种教学方法，甚至是同一类教学方法之间也往往是交叉的，实际操作时往往是互相结合使用，如采用听写法时，可以重复听写；采用听说法，自然要用到听写；而图示是演绎法、归纳法、类比法的一种常见手段。

这里所说的数词的教学法，主要是指为教授数词某一知识点而采用的具体的教学技巧或手段，各种教学技巧之间有交叉，教学时教师可以组合使用。

数词教学采用的教学方法主要有翻译法、比较法、图表法、情境法等。

47.2 翻译法

翻译法是理解不同语言数词含义的最直接的方法，也可以据此展现不同语言的数词结构在功能上的异同。如汉语数词或数词结构既可以表示基数（表示数目的多少），也可以表示序数（表示先后顺序），而且两者往往同形，如"12层"既可以指总共有12层，也可以指第12层，如果翻译成英语的话，就有不同的形式，表基数时翻译成"12 floors"，表序数时翻译成"the 12th floor"，两种数词形式不一样。虽然汉语"12"表序数时可以表示为"第12"，但表序数并非一定要用"第12"，这与英语不一样。

再如汉语和英语"十一"至"十九"这九个数词结构具如下对应：

表 47-1　汉语和英语"十一"至"十九"的对应

汉语	十一	十二	十三	十四	十五	十六	十七	十八	十九
英语	eleven	twelve	thirteen	fourteen	fifteen	sixteen	seventeen	eighteen	nineteen

由此可以看出，在汉语和英语中，这些数词结构的构词法不同。汉语是位数词"十"在前，系数词在后，它们可以看作由两个简单系位构造[①]组成的系位组合。而英语可以分为三类：第一类是"eleven"和"twelve"，完全是单纯词；第二类是"fourteen、fifteen……nineteen"，可以看作合成词（如果将"-teen"看作纯粹的后缀，与"ten"无关，则它们是派生词；如果与"ten"有关，则可以看作复合词）；第三类是"thirteen"，介于单纯词和合成词之间（不排除历史上它是个合成词）。通过翻译，我们可以看出这些数词在汉语和英语中构词法的不同。

此外汉语、英语在大位数词（如"万"和"ten thousand"、"亿"和"one hundred million"）、某些大数（如"十万"和"one hundred thousand"、"百万"和"million"、"千万"和"ten million"）、概数表达［如"三五（个）"和"three or five"］、分数表达（如"三分之一"和"one-third"、"五分之四"和"four-fifths"、"百分之一"和"one percent"）等方面都很不相同，通过翻译可以互相理解，也有助于揭示它们之间的差异。

47.3　比较法

比较法是数词研究和教学的基本方法，可以是不同语言之间同一个现象的比较，也可以是同一种语言中不同数词或不同现象的比较。前者要借助翻译，因而

[①] 前一个系位构造系数部分是"一"，且省略，位数部分是"十"；后一个系位构造系数部分是"一、二……九"，位数部分是个位，但有位无位数词。

翻译从另一个角度看就是比较。下面重点探讨同一种语言中不同数词或不同现象的比较。

许多文献都注重数词的比较，如刘月华、潘文娱、故桦（2001），王还（1995），齐沪扬（2005）等都比较了数词"二"和"两"的区别和联系。此外，基数词和序数词、分数和小数、"多少"和"几"、"来"和"多"、"零"和"○"等都可以采用比较的方法进行教学，比较能凸显它们的差异，进而加深印象。

进行比较教学时，选择的比较项要尽量构成最小比较对，既要有足够的共性，也要有突出的差异，如比较"来"和"多"，而不比较"来"和"把"（两者差异大，"把"主要用于位数词"百""万"等后）；比较"一"做基数词和序数词的差别（如歧义表达"一楼"），而不比较"一"和"第一"的差别；比较分数和小数（两者可转换），而不比较分数和概数或整数等。

进行比较教学时，比较项出现的语境也要尽量一致，如：

（1）a. 三十多

　　b. *三十来

（2）a. 三十多斤

　　b. 三十来斤

这显示，"多"比"来"更具有独立性，可以置于句末，再如：

（3）a. 三十二

　　b. 三十多

　　c. *三十来

这显示，"多"比"来"更具有数词的特点。此外，进行比较教学时，要突出主要差异和关键区别，如比较"二"和"两"时，可突出量词前一般用"两"，因为在日常生活中，数词主要跟量词结合，后接量词是数词的重要特点。

47.4　图表法

使用图表法可以将相关知识，特别是比较的结果，用图表的形式呈现出来，这样更直观醒目，层次更清晰，印象会更深刻，如刘月华、潘文娱、故桦（2001）将"二"和"两"的用法用图表的形式呈现出来，两者的共性和差异一目了然。当然还可以再细化，如后接位数词可以分两种情况：

一是构成简单系位构造的情况，详见表 47-2。

表 47-2 "二"和"两"与位数词的搭配

	（个）	十	百	千	万	亿
二	二	二十	二百	二千	二万	二亿
两	?两	*两十	两百	两千	两万	两亿

二是构成系位组合的情况，详见表 47-3。

表 47-3 "二"和"两"构成数词结构

二十二	二百二十二	a. 二千二百二十二 b. 二千两百二十二	二万零二
*二十两	a. *两百两十两 b. 两百二十二	a. *两千两百两十两 b. 两千两百二十二 c. 两千二百二十二	a. *两万零两 b. 两万零二

这样就可以比较清楚地揭示"二"和"两"的重要区别："两"不能位于个位和位数词"十"前。

同时，可以借助图表进行操练，如王金柱（1988）采用图表法教授汉语的称数，认为"通过简表使称数法的教学过程带有了具体可感性，更好地适应了学生的接受心理，因而给留学生的印象是清晰、准确、有规律的。"我们也可以帮助学生借助表 47-2、表 47-3 练习"二"和"两"构成数词结构的情况（主要是让学生熟读，也可以采用填空练习）。汉语数词结构的教学，也可以采用图表法。

总之，利用图表可以使知识直观、明确地呈现出来，也可以直接借以操练，因而是一种有效的教学方法。

47.5 情境法

数词本身比较枯燥，数词的含义也相对简单，但数词在日常生活中又非常重要，使用频率很高，因而教学时教师可以设置情境，将有关数词知识融进情境中，使学生通过情境模拟或表演来学习数词相关知识，感受数词在日常生活中的重要性。如可设置购物情境，细化各个环节（如问询、挑选、讲价、付款等），将序数、概数、分数、小数、倍数以及各种数词结构整合进购物情境中，如可以设置如下情境：

（4）老板：麦克你好！你更帅了，想买什么？

　　麦克：老板，我想买一顶帽子，有新款吗？

　　老板：这<u>两</u>排都是新进的帽子，款式都适合你。

　　麦克：那我看看，<u>第二</u>排左边<u>第三</u>顶红色的帽子，麻烦您拿下来，我戴戴。

　　老板：大小刚合适，带上帽子显得既时髦又帅气，还年轻了<u>两三</u>岁。

　　麦克：谢谢老板。今天有折扣吗？打<u>几</u>折？

　　老板：这些是新款，一般不打折的。不过这顶帽子非常适合你，就像是为你定做的一样，就打<u>九</u>折吧。

　　麦克：能不能再便宜一点儿，我在您这儿买过很多帽子了，夏天、冬天都来买过。

　　老板：看在老顾客的份儿上，再打个<u>零点五</u>折，也就是说打<u>八五</u>折。

　　麦克：那好吧，老板算算要多少钱？

　　老板：这顶帽子原价是<u>一百三十块</u>，打八五折，就是<u>一百一十块零五毛</u>，零头五毛抹去，就<u>一百一十块</u>吧。

　　麦克：老板算错了吧，原价<u>一百三十块</u>，打八五折，不是<u>十九块五毛</u>吗？

　　老板：哪有这么便宜？在中国，打八五折是指原价<u>一百三十乘以零点八五</u>或乘以<u>百分之八十五</u>，这不是<u>一百一十点五块</u>吗？

　　麦克：原来是这样啊，打几折在中国和美国理解不一样，在美国打八五折是指原价<u>一百三十乘以零点一五</u>或<u>百分之十五</u>，也就是<u>十九块五</u>。好吧，可不可以一百块？我没有十块零钱。

　　老板：你真会讲价，那就<u>一百块</u>吧。

　　麦克：可以用支付宝付款吗？

老板：微信、支付宝都可以，也可以用现金。

麦克：付好了，你查查有没有到账。

老板：收到了，谢谢，欢迎下次再来。

麦克：好的，老板再见。

在这个情境中，至少涉及如下有关数词的知识：（1）序数（"第二、第三"等）、概数（"两三、几"等）、小数（"零点五、一百一十点五、零点八五、零点一五"等）、分数（"百分之八十五、百分之十五"等）等；（2）数词结构（"一百三十、一百一十五"等）；（3）基数与序数、"二"和"两"的比较（如"两排、第二排"）、"几"和"多少"的比较；（4）小数的读法（"一百一十点五、零点八五"等）；（5）打折的相关知识，如"八五折"其实是八点五折。可以说，数词相关知识，上面的对话几乎都涉及了。

教学时可由学生分角色表演，而且可以将相关数词略去，由学生填空，或由老师设置选项，由学生选，如：

（5）老板，看看 _____ 钱？（几，多少）

（6）这 _____ 排都是新进的帽子。

　　A. 两

　　B. 二

（7）第 _____ 排左边第三顶红色的帽子，麻烦您拿下来。

　　A. 两

　　B. 二

书面练习时，教师可以设置阿拉伯数字和汉字数字互相转换的题目[①]，如：

（8）还年轻了 _____ 岁。

　　A. 两三

　　B. 两、三

[①] 除"八五折""四五岁"以及单个数字组成的数词（"二、两、九"等）外，其他汉字数字都可以转换成阿拉伯数字，如"一百三十块"可以转换成"130块"，"百分之十五"可以转换成"15%"，"一百一十块零五毛"可以转换成"110.5块"。此外，采用哪种数字形式，要遵循系统一致的原则。

C. 2、3

（9）再打个 _____ 折。

　　A. 零点五

　　B. 0.5

（10）即 _____ 折。

　　A. 八五

　　B. 85

　　C. 8、5

这样一方面训练学生规范地使用数字，另一方面也让学生体味数词读和写的不同。

以上简要谈了数词教学的四种方法，各种方法都可以重复使用。通过多种方式，设置不同的练习形式（如填空、选择等），反复练习，让学生掌握汉语数词的特点和用法，体会数词的内在规律和魅力。

48. 如何教"一万"以上的大数？

48.1　为什么教？

许多语言没有与汉语大数位数词"万"和"亿"相对应的位数词，汉语的"一万"，英语说"ten thousand"，汉语的"一亿"，英语说"one hundred million"。因而，当碰到有"万"或"亿"构成的大数时，如"987654321 01234"，留学生往往不知道用汉语怎么说；碰到"九十八万七千六百五十四亿三千两百一十万一千两百三十四"这样的表达，留学生往往不知道该数目表示多少。

如果比照英语来看待大数，如将"10000"说成"十（个）千"（逐一翻译相对应的英语表达"ten thousand"），将"100000000"说成"一百（个）百万"（逐一翻译相对应的英语表达"one hundred million"），则是错误的，或者是不常见的。留学生作文中就有这样的例子：

（1）*我以为她会在一气之下离我而去，但没想到她不但没有不顾而去，反而向银行贷下一笔十千元的款项，替我还清所有信用卡的"债务"。（马来西亚）

其中的"十千"是错误的，正确的表达应是"一万"。

因而，引导学生正确地理解和表达由位数词"万"和"亿"构成的大数是数词教学的必要内容。

关于大数教学，米凯乐（1990）总结了一万和更大数字的教学方法，实用性强，下面参照该文进行进一步探讨。下面所说的数词都是指位数词为"万"或"亿"的大数。

48.2 教什么？

教"一万"以上的大数，关键是训练学生将阿拉伯数字转换成汉字数字，以及将汉字数字转换成阿拉伯数字的能力。将阿拉伯数字转换成汉字数字主要是为了训练学生的表达能力，特别是口头表达能力（书面上，也可以使用阿拉伯数字，而且特定场合使用阿拉伯数字可能更醒目），阿拉伯数字转换成汉字数字后就可以读出来。将汉字数字转换成阿拉伯数字主要是为了便于学生理解，因为"万""亿"等汉语位数词对学生来说可能较难理解。

48.2.1 阿拉伯数字转换成汉字数字

将阿拉伯数字转换成汉字数字的关键是确定"万"或"亿"的位置，具体说来是，一个大数从右开始往左数，第四、第五个数字之间是"万"的位置，第八、第九个数字之间是"亿"的位置，并插入相应的"万"或"亿"。"万"后的数字是一个单位，"万"或"亿"分别和它们前面的数字构成一个单位。然后"万"或"亿"前后的数字按位数词"千"以下的数词结构处理。如果"亿"前有"万"，也按以上方法处理。最后将各部分直接组合起来。如上面举的大数：

（2）a.（98↓7654）↓3210↓1234

　　　b.［（98万）+（7654）］亿+（3210万）+（1234）

　　　c.｛［（九十八万）+（七千六百五十四）］亿｝+（三千两百一十万）+（一千两百三十四）

d. 九十八万七千六百五十四亿三千两百一十万一千两百三十四

需要注意的是，这个大数"亿"前有6个数字（987654），仍按照前面所说的在第四、第五个数字之间插入"万"。

如果要读这个数词，只要将相应的数字按照汉语拼音读出，即：

（3）Jiǔshíbā wàn qīqiān liùbǎi wǔshísì yì sānqiān liǎngbǎi yīshí wàn yīqiān liǎngbǎi sānshísì.

48.2.2 汉字数字转换成阿拉伯数字

将汉字数字转换成阿拉伯数字的关键同样是确定"万"或"亿"。同时确定不同的单位，有以下几种情况：第一，如果是"万"和其前面的汉字数字构成的单位，则各汉字数字转换成相应的阿拉伯数字（忽略位数词，末位为"十"的要换成"0"），并在最后一个数字后面添加四个"0"；第二，如果是"亿"和其前面的汉字数字构成的单位，则各汉字数字转换成相应的阿拉伯数字（忽略位数词，末位为"十"的要换成"0"），并在最后一个数字后面添加八个"0"；第三，如果是"万"后面的汉字数字构成的单位，则直接将汉字数字转换成相应的阿拉伯数字（忽略位数词，末位为"十"的要换成"0"）；最后，将各个单位加起来。仍以上面的大数为例：

（4）a. 九十八万七千六百五十四亿三千两百一十万一千两百三十四

b. {[（九十八万）+（七千六百五十四）]亿}+（三千两百一十万）+（一千两百三十四）

c.（980000+7654）00000000+32100000+1234→98765400000000+32101234→98765432101234

这样学生就能理解这个汉字数字表达的大数的意思。如果要读出这个大数，则按照英文读法去读，其中一种读法是：

（5）Ninety-eight trillion and seven hundred and sixty-five billion four hundred and thirty-two million one hundred and one thousand two hundred and thirty-four.

48.3 怎么教？

教师教学时要注意的问题：

第一，让学生意识到转换的关键是确定"万"或"亿"的位置（如果是阿拉伯数字表示的大数，"万"位于第四、第五个数字之间，"亿"位于第八、第九个数字之间），或者找出"万"或"亿"。

第二，让学生注意数词的层次结构，"万"以下的数字是一个结构，"万"或"亿"和其前面的数字是一个结构。无论是阿拉伯数字转换成汉字数字，还是汉字数字转换成阿拉伯数字，都是以结构为单位进行转换。"亿"前面的数字如果超过四个，还可以再划分层次结构。

第三，循序渐进，反复训练。重点训练学生转换位数词为"万"的大数，而且先从"万"前为一个数字的练起（如"46632"或"四万六千六百三十二"），逐步过渡到"万"前两个、三个、四个数字的情况。位数词为"万"的大数较熟悉后，再过渡到"亿"，同样遵循先简单后复杂、先易后难的顺序。此外，待学生较熟练地掌握相应的数字形式的转换后，可将缺项、小数、分数引入（如"5467003.403"或"五百四十六万七千零三点四零三"），一方面使学生得到进一步的训练，同时也巩固以前所学的知识。

第四，训练的形式或方法可以多样化，如可以采用填空（某些结构或某个结构部分省略，由学生补充完整）、判断等形式，也可以采用抢答、竞赛等形式以调动学生的积极性。

49. 如何教数字的使用？

这里所说的数字的使用是指书面作文、考试、作业等教学活动中用数字计量或编号时，数字形式（汉字数字、阿拉伯数字）、格式（是否简写、占格等）以及相关符号等的使用或选用。本节以 HSK 作文动态语料库为例探讨留学生数字使用的问题。

49.1 教什么？

数字教学要对较常用、较重要且出现问题较多的几个方面进行重点教学。

49.1.1 年月日的表达

留学生出现的问题主要包括：年月日顺序不对、表示年份的阿拉伯数字简写、汉字数字和阿拉伯数字混用、数字间符号使用不规范，如：

（1）*9 月 16 日 2005 年（新加坡）

（2）*01，5，13（韩国）

（3）*199 八年八月三日（日本）

（4）*4/12-93（印度尼西亚）

例（1）年月日顺序不对，例（2）表示年份的阿拉伯数字简写，例（3）汉字数字和阿拉伯数字混用，例（4）数字间符号使用不规范。

据统计，HSK 动态作文语料库中，1980 年至 2010 年这 31 个年份及其所涉及的月份、日期的相关用例，其中年月日顺序不对的有 56 例；阿拉伯数字年份简写形式的有 88 例；汉字数字和阿拉伯数字混用的有 24 例；数字间符号使用不规范的有 81 例。总体而言，有这些问题的用例占各用例总数的五分之一左右，比例比较高。

49.1.2 概数表达

主要问题是：连用汉字数字之间有标点符号、阿拉伯数字连用表示概数，如：

（5）*今年七、八月份是我的最后的假期。（日本）

（6）*到了晚上 8、9 点钟，我一直在我的研究室读书。（韩国）

例（5）"七""八"之间有顿号，例（6）连用的数字是阿拉伯数字，且数字之间有顿号。语料库中，连用汉字数字之间有标点符号的有 4 例，阿拉伯数字连用表示概数的有 5 例，虽然绝对数量很少，但问题较突出。

49.1.3 "〇"或"零"的使用

主要问题是编号用"零",如年份、门牌号、邮编和手机号码等出现"零",如:

(7)*联系地址:大牌三五五亢羊路一巷,三楼门牌七零一,陲局编号七三零三五五。(马来西亚)

(8)*一九四零年我出生在邦加梧港市。(印度尼西亚)

(9)*我的联系地址-如此信上方,电话是五七五七七零五。(马来西亚)

邮编、年份和手机号码都是编号,因而不宜用"零",宜用"〇"。而且它们宜采用阿拉伯数字形式,更醒目。

语料库中,1980年至2010年这31年的年份表达中,带"零"的年份有46例,占汉字数字表示的年份用例(205例)的22.4%,占比较大。

49.1.4 相关格式符号的使用

主要问题有:定型词语使用标点的问题、数字占格问题。如关于五一劳动节,留学生作文出现了如下符号:

(10)*对了,爸妈,我们学校"五一"时连续放七天假,我想去旅行。(蒙古;原文:"五-一")

(11)*今年五·一放假的时候,我的亲妹来沈阳看看我。(日本;原文:五·一)

(12)*"五·一"节放假的七天里,我们全家去了古镇周庄游览。(日本;原文:"五·一"节)

(13)*今年中国的"五.一节,假期是比较长期。(日本;原文:"五,一节)

(14)*最近的一个假期是"五一"劳动节。(越南;原文:"五-一"劳动节)

(15)*这是为了记念"五一劳动节"所以我们放假的。(印度尼西亚;原文:"五一劳动节")

留学生作文中阿拉伯数字的占格情况很不统一,一至四个阿拉伯数字占一格的都有,甚至同一篇作文前后不统一的情况也可以见到,如:

（16）a. [1988年10月我开始读书]（奥地利）

b. *[1991年我望学美国]（奥地利）

（17）a. [从1992年开始跟韩国外交关系]（韩国）

b. *[从1992年开始汉语]（韩国）

例（16）出自同一篇奥地利学生作文，a 例是两个数字一格，b 例是一个数字一格。例（17）出自同一篇韩国学生作文，同是"1992"，a 例是两个数字一格，b 例是前三个数字一格，后一个数字跨格。

笔者重点对 1980 年至 2010 年这 31 年的年份表达（阿拉伯数字表示的完整形式，共 739 例）的占格情况进行了统计，结果显示：一个数字占一格的有 236 例，占 31.9%；两个数字占一格的有 326 例，占 44.1%；四个数字占一格的有 69 例，占 9.4%；其他情况（包括跨格、跨行等现象）的有 108 例，占 14.6%。

49.2 怎么教?

49.2.1 树立规范意识

从汉语数字的使用角度看，阿拉伯数字和汉字数字的使用和选用有多种规范，汉语数字使用规范与其他语言数字使用规范也可能不完全一致，如年月日的顺序、"零"的使用等。而且，有些现象可能以前并不是不规范的，或者有些现象大家相沿习用，如连用汉字数字表概数且汉字数字之间出现顿号，以及"零"用于年份等情况也见于《人民日报》等。不过，既然有些表达可能引起歧义，国家也出台了相关标准，笔者认为，汉语教学就应当遵循相关规范，因为汉语教学语法毕竟是一种规范语法。

关于数字的使用，国家出台了相关标准或规范，最直接相关的是《出版物上数字用法》，现摘引几条：

ⅰ. 汉语年月日的表达顺序应按照口语中年月日的自然顺序书写。

ⅱ. 出版物上的阿拉伯数字，一般应使用正体二分字身，即占半个汉字位置。

ⅲ. 一个数字用作计量时，其中的"0"的汉字书写形式为"零"，用作编号时，"0"的汉字书写形式为"〇"。

  ⅳ. 四位阿拉伯数字表示的年份不应简写为两位数字。

  ⅴ. 当阿拉伯数字用于表示时间，年、月、日都完整时，"年""月"可以用短横线"-"替代。

据此，上文所举例（1）～（9）都是不规范、不符合标准的。

49.2.2　分国别教学

留学生作文数字使用会受母语影响，如果母语与汉语一致，则出现问题较少，或者说会产生正迁移；如果不一致，则问题较多，或者说会产生负迁移。因而教学时，教师应对易产生负迁移的内容予以强调，分国别教学。

如年月日顺序，马来西亚学生作文有55.2%（16/29）的用例不符合"年、月、日"顺序，新加坡学生作文有28.2%（35/124）的用例不符合"年、月、日"顺序，而日本学生作文不符合"年、月、日"顺序的未见用例，韩国学生作文也有80.7%的用例（130/161）是符合"年、月、日"顺序的。因此在教年月日顺序时，教师可以重点对马来西亚学生、新加坡学生进行教学，而对于日本学生、韩国学生则不需要花费太多时间和精力。

再如连用相邻数字表概数，数字之间加标点的情况主要见于日本学生作文，因而在教相关内容时，教师应对日本学生应予以强调。

49.2.3　采用对比方法

不同语言的数字用法不完全相同，如果教学时，教师能找出学生母语与汉语的不同，进行比较，可凸显差异，加强印象，便于学生掌握汉语规范用法。如关于年月日顺序，新加坡学生作文"1993年12月4日"这一时间有19例涉及年月日，其中"日、月、年"顺序的有13例，"年、月、日"顺序的有4例，"月、日、年"顺序的有2例。"日、月、年"顺序是新加坡年月日表达的默认顺序，新加坡学生作文中这种顺序的用例最多（13例，占68.4%），这显然是受母语年月日顺序的影响。因此在教学时，教师应比较汉语和新加坡年月日表达顺序的差异。

49.2.4 注重强化训练

数字的使用比较烦琐，有些规定理据性也不明显，学生学习后很容易遗忘，因此，教学时教师要注意组织学生不断练习、复现，加以强化，如可以采用语料库的真实材料让学生发现其中不规范的地方，并加以改正。平时作文或书面练习碰到数字使用问题时，教师也可以随时点拨。

50. 如何教数词文化？

50.1 为什么教？

汉语数词蕴含丰富的文化内容。如张清常（1990）指出，汉语的数字运用涉及风俗习惯、心理文化的许多方面。如"九九"，在"九九归一"里，是指不管怎么折腾，最后都要回到原来的状态，而在"九九八十一难"里，表示很多磨难，但最后都会成功。张德鑫（1999）对很多数词（特别是"〇、一、二、三……十"）所蕴含的文化都做了披露，展现了数字世界里蕴含大乾坤。

文化知识是汉语教学的重要内容，数词文化是诸多文化中的一种，进行数词文化教学可以展现中华文化的博大精深，提升软实力。

数词文化教学可以增强数词教学的趣味性，提高学习兴趣，提高学习效率。

结合数词进行文化教学是文化教学的重要切入点，可以提升文化教学实效。

50.2 教什么？

"文化"含义丰富，内容广博，如《现代汉语词典》对"文化"的解释是"人类在社会历史发展过程中所创造的物质财富和精神财富的总和，特指精神财富，如文学、艺术、教育、科学等"。

本书所说的数词文化是指与数词紧密结合、体现中华优秀文化精髓的数词文化。概括地说，数词文化主要指数词的非数义，即数词不表示数目，而表示由数目义引申出来的意义，或者是由相关数词音、形引申或推演出来的意义，这些意义往往反映汉民族的文化心理，体现汉民族对某些现象的喜恶褒贬。

50.2.1 人们偏爱或忌讳的数词

趋吉避凶是人类普遍的心理，数词的形、音、义特点会引发人们的联想，并将之与好事或坏事联系起来，这时数词也就带上了喜恶或吉凶的色彩。

汉语有许多数词带有喜庆的意味，张清常（1990）称为"完美数字"，如"八""六""十""九""三十六""七十二"等。而据张德鑫（1999），汉语基本数词（一、二……十）都可带喜庆意味，为人们所喜用。

也有一些汉语数词会引发人们的联想，甚至成为骂人的话，如"二百五""六"等。

不过值得注意的是，数词引发的联想，或数词所附带的吉凶色彩并不是一成不变的，如"六"既可以与绿帽子联系，也可以与绿色、环保、顺利（"六六大顺"）等联系起来。再如"八"在某些地方与"发"谐音，可与发财、发达等联系，但有些地方则会认为这个数字不吉利，如有"七顺八败""七不去八不归"等说法。因此，理解数词所蕴含的文化时，要突出数词义的时代性与地域性。

50.2.2 一些数词语使用的特定背景

有不少数词语是打算盘时的口诀，如"三下五除二"是指：遇到三加三的时候，拨动算盘上面一档的五下来，把算盘下面一档去掉两个。这样上面是五，下面剩一，合起来是六。三加三就是这样算出来的。现在表示做事干净利落，不拖泥带水。再如"不管三七二十一"也是一个口诀，强调"不管"。"一退二六五"谐音"一推二六五"，表示一推出去一概不管。（张清常，1990）

具有特定使用背景的数词语往往具有特定的含义，而且意义比较空灵。

50.2.3 数词数目义的虚化、泛化现象

数词数目义的虚化、泛化主要体现在数词略语中。数词略语，特别是沿袭自古代的旧数词略语（如成语、惯用语等），其中的数词表示的数目义大多已泛化、虚化。如"五湖四海"中的"五"和"四"已无具体所指，《现代汉语词典》

只是将这个成语解释为"指全国各地"。再如"六畜（chù）"一般指猪、牛、羊、马、鸡、狗，但也泛指各种家畜、家禽。

数目义泛化、虚化的一种表现是有多种说法，如"三皇"通常称伏羲、燧人、神农，也可以指天皇、地皇和人皇（《现代汉语词典》）。

50.2.4 数词多义现象

很多基本数词都有多种意义，如"一"《现代汉语词典》列了 11 个义项。而且不同领域、不同视角，理解会有不同，如张德鑫（1999）就探讨了哲学家心中的"一"（如"一"是至高无上的万物之源）、语言学家眼里的"一"（如"一"是极有个性的数词，可实可虚，亦大亦小，变化多端）、文学家笔下的"一"（如"一"为诗人所喜好），各义纷繁，不一而足。

50.2.5 数词独特的表达方式

如古代有些数词连用，不是表示概数，而是表示两数相乘，如"二八少女"指 16 岁的少女，"三五之夜"指农历每个月的 15 日。

再如两个数词搭配构成框式结构，这种搭配往往是固定的，如"三年五载"不说成"三年四载""三年两载"等。

50.3　怎么教?

50.3.1 不要空谈文化，不要随意引申

数词文化教学应结合数词，避免空洞谈文化，忌随意引申、联想。

从内容上看，避免空谈文化就要确定数词文化的大致范围，即能体现中华优秀文化、内容明确、理据较充足、具有现实意义且与数词紧密联系的文化。

从手段上看，主要有两种：一种手段是尽量揭示数词与文化的内在联系，如人们喜好"八"，主要是因为"八"与"发"谐音，而后者有"发财""发达"之意；另一种手段是多举例，如讲到"七"是人们喜爱的数词时，教师可以列举各时代、各领域由"七"组成的成语、缩略语等（张德鑫，1999）。通过丰富的例

证，学生能够真切地感受到该数词确实为人们所喜用。

50.3.2 突出数词文化的时代性、地域性

张清常（1990）指出，先秦时，"七"似乎并不引人注意，到西汉时"七"的使用才多起来。再比如，西方忌讳使用"十三"，但中国无此忌讳，如楼层有十三楼。"四（或'4'）"也是如此，有些场合人们喜用（如乐谱中"4"读成"fa"，与发财、发达、发展的"发"同音；再如"四"是双二，寓意成双），有些场合忌用（"四"与"死"谐音）。

50.3.3 浅易地教

对一些深奥、难懂的文化知识不要深究，提倡浅易地教数词文化，指出数词所蕴含的文化，对其理据稍做解释即可。

如关于数词与五行的联系，关于五行，只要指出"五行指金、木、水、火、土五种物质，我国古代思想家试图用这五种物质来说明世界万物的起源"即可；而不宜过深地涉及"五行是道教教义理论的重要内容。中医用五行来说明生理病理上的种种现象。迷信的人用五行相生相克来推算人的命运"等内容[1]，因为宗教教义很深奥，而中医、算命与五行联系起来显得牵强，科学性不够，关键是两者的联系性不易证实，不易把握，涉及过多，过多地解释，效果反而不好。

50.3.4 对比教学

各国文化不同，不同语言数词所蕴含的文化也不一样，数词文化教学时可进行对比教学，通过对比，凸显差异，加深印象，也可以缓解文化冲突。如谈到汉语完美数词或忌讳数词时，可与其他国家语言喜好的数词或忌讳的数词进行对比。

---

[1] 以上有关"五行"的内容取自《现代汉语词典》"五行"条。

参考文献

蔡崇尧（2000）汉语复合数词及其教学，《新疆职工大学学报》第 1 期。
蔡梅（1998）俄罗斯留学生在初级汉语阶段容易出现的数词、量词方面的错误及分析，《齐齐哈尔师范学院学报（哲学社会科学版）》第 4 期。
蔡维天（2002）一、二、三，载《语言学论丛》（第二十六辑），北京：商务印书馆。
曹宇（2010）韩中数词的对比研究，延边大学硕士学位论文。
陈璧耀（2004）从"七荤八素"说到汉语的数词成语，《语文建设》第 5 期。
程棠（2008）《对外汉语教学目的、原则、方法》（第二版），北京：北京语言大学出版社。
崔永华、杨寄洲（1997）《对外汉语课堂教学技巧》，北京：北京语言文化大学出版社。
但潇（2015）对外汉语教学中的数词教学——以数词"二"为例，华中师范大学硕士学位论文。
邓氏皇（2011）汉语数词"二"与越南语数词"hai"对比研究，华中师范大学硕士学位论文。
窦英才（1983）试谈古代诗文中的若干数字，《延边大学学报（社会科学版）》第 3 期。
郭锐（2002）《现代汉语词类研究》，北京：商务印书馆。
韩陈其（1984）论汉语成语中的数词，《教学与进修》第 3 期。
贺川生、邓丽芳、谢丽丽（2020）概数助词"多"的形式句法和形式语义，《当代语言学》第 2 期。
贺川生、潘海华（2014）平均句中的分数名词短语及其指称，《当代语言学》第 2 期。
胡附（1984）《数词和量词》，上海：上海教育出版社。
黄伯荣、廖序东（2017）《现代汉语》（增订六版），北京：高等教育出版社。
黄芳（2010）先秦汉语数词连用的语义特征与句法功能，《语言研究》第 2 期。
黄氏归（2013）数词单、连用表概数汉越对比与翻译，广西民族大学硕士学位论文。
教育部语言文字信息管理司（2012）《〈标点符号用法〉解读》，北京：语文出版社。
教育部语言文字信息管理司（2012）《〈出版物上数字用法〉解读》，北京：语文出版社。
黎氏红娥（2008）汉越数词对比及越南学生习得汉语数词的偏误分析，广西师范大学硕士学位论文。
李琳（2006）汉语语境下数词"零"的读法，《语言文字应用》第 S2 期。
李天宇（2019）泰国高校汉语教学中的数词教学研究，天津师范大学硕士学位论文。
李宇明（1986）数学语言初见（连载）数量词语的语法特点，《语文教学与研究》第 22 期。

李宇明（1999）数量词语与主观量，《华中师范大学学报（人文社会科学版）》第 6 期。
李园香（2012）从英汉数词对比看对外汉语数词教学，苏州大学硕士学位论文。
刘军（2022）"几、多、来"表约量的差异与教学思考，《汉语学习》第 1 期。
刘苹（2013）数词分类研究述论，《重庆邮电大学学报（社会科学版）》第 2 期。
刘苹、李松（2014）汉语复合数词的结构及其成分语义关系类型，《湖北社会科学》第 3 期。
刘群（2013）有关中文大数问题的缘由和建议，《中国科技术语》第 1 期。
刘月华、潘文娱、故䶮（2001）《实用现代汉语语法》，北京：商务印书馆。
罗媛娟（2017）对泰汉语数词教学实践——以乌蓬娜学校为例，云南大学硕士学位论文。
马庆株（1990）数词、量词的语义成分和数量结构的语法功能，《中国语文》第 3 期。
米凯乐（1990）一万和更大的数字——怎样教授汉语大数字（薛红译），《语言教学与研究》第 2 期。
潘振宇（1982）汉语和维语数词的对比，《民族语文》第 1 期。
朴永熙（2011）汉韩常用数词成语比较研究，吉林大学硕士学位论文。
齐沪扬（2005）《对外汉语教学语法》，上海：复旦大学出版社。
秦茂舒（2020）留学生概数词"好多""好几""好些"的习得偏误研究，长春理工大学硕士学位论文
丘永泉（2014）印尼学生学习汉语概数词"多/来"偏误分析，福建师范大学硕士学位论文。
屈慧敏（2013）带数词的汉语成语俄译策略，黑龙江大学硕士学位论文。
任广旭（2013）中韩数词应用对比研究，中央民族大学博士学位论文。
任沂（2012）汉英数词文化因素对比研究，四川外语学院硕士学位论文。
桑紫宏（2016）从汉英数范畴的差异看汉语复数标记"们"与数词的不兼容，《华东师范大学学报（哲学社会科学版）》第 1 期。
邵敬敏（2016）《现代汉语通论》（第三版），上海：上海教育出版社。
沈璐（2013）葡萄牙语数词——从语法和文化角度下与汉语数词的对比，上海外国语大学硕士学位论文。
沈燕（2013）汉英语数词的文化差异及相关偏误分析，苏州大学硕士学位论文。
沈阳、郭锐（2014）《现代汉语》，北京：高等教育出版社。
唐蹈（2019）关于中日两国数词"三"的对比研究，湖南师范大学硕士学位论文。
陶炼（1990）现代汉语的称数系统，《汉语学习》第 3 期。
佟化（2013）虚化数词成语教学研究，辽宁师范大学硕士学位论文。
汪如东（2006）汉语数词的语词意义和修辞意义，《修辞学习》第 3 期。
王改改（2001）概数词"来"的语义调查和研究，《汉语学习》第 6 期。
王还（1995）《对外汉语教学语法大纲》，北京：北京语言学院出版社。
王金柱（1988）汉语称数法教学一得——兼谈汉英称数法比较，《语言教学与研究》第 2 期。
王希杰（1990）《数词·量词·代词》，北京：人民教育出版社。
王晓辉、王晓东（2012）数量词"两 X"表不定数用法探析，《语言教学与研究》第 6 期。

王砚农（1982）汉语数词的习惯用法和感情色彩，《语言教学与研究》第 4 期。

王玉杰（2019）面向对外汉语教学的数词"三"的研究，曲阜师范大学硕士学位论文。

危艳丽（2018）说概数词"多"和"几"，《语言研究》第 1 期。

卫聚贤（1931）《古史研究》（第一册），上海：商务印书馆。

闻一多、季镇淮、何善周（1943）七十二，《国文月刊》第 22 期。

吴忧（2017）面向泰国学生的汉语数词教学研究，湖南师范大学硕士学位论文。

吴庄、戴悉心（2009）数词的逻辑意义与语用意义，《语言教学与研究》第 1 期。

夏国锋（2012）日语中助数词的特征及选定基准——以 24 个主要助数词的用法为中心，大连海事大学硕士学位论文。

肖牡丹（2008）概数词"把"的历史考察，《现代语文（语言研究版）》第 10 期。

萧国政、李英哲（1997）汉语确数词的系统构成、使用特点和历史演进，《武汉教育学院学报》第 1 期。

萧素金（2015）汉泰数词对比研究，青岛大学硕士学位论文。

解佳佳（2015）对俄汉语数词教学研究，黑龙江大学硕士学位论文。

邢福义（1999）《数里乾坤》序，载《数里乾坤》，北京：北京大学出版社。

邢福义（2011）事实终判："来"字概数结构形义辨证，《语言研究》第 1 期。

徐雅男（2015）对外汉语教学中汉语数词研究，黑龙江大学硕士学位论文。

杨德峰（1993）表示概数的"多"和"来"的全方位考察，《汉语学习》第 3 期。

杨国粉（2013）对外汉语数词成语教学研究，广西民族大学硕士学位论文。

伊娜（2013）俄汉语熟语中数词的文化内涵比较研究，内蒙古师范大学硕士学位论文。

应学凤、王晓辉（2014）数量结构中概数词"来"和"多"的分布，《汉语学习》第 4 期。

语言学名词审定委员会（2011）《语言学名词》，北京：商务印书馆。

曾常红（2018）《面向对外汉语的数词研究》，长沙：湖南师范大学出版社。

查显民（1991）《万事万物知识事典》，西安：陕西人民教育出版社。

张斌（2010）《现代汉语描写语法》，北京：商务印书馆。

张丹丹（2012）数词"二"和"两"的教学设计——以泰国潘乐迪中学为例，云南大学硕士学位论文。

张德鑫（1993）"零"与"〇"，《世界汉语教学》第 4 期。

张德鑫（1999）《数里乾坤》，北京：北京大学出版社。

张和生（2006）《对外汉语课堂教学技巧研究》，北京：商务印书馆。

张清常（1990）汉语的 15 个数词，《语言教学与研究》第 4 期。

张思婷（2011）对外汉语教学中概数词"多"与"几"的研究，《现代语文（语言研究版）》第 4 期。

张新明（2012）《简明对外汉语教学法》，上海：学林出版社。

张谊生（2001）概数助词"来"和"多"，《徐州师范大学学报》第 3 期。

张永伟（2017）现代汉语整数数词短语系位结构研究——语言信息处理视角，《当代语言学》

第 3 期。

张豫峰（2004）"X + 前后 / 左右 / 上下"的分析，《语言教学与研究》第 3 期。

章徽（2012）概数词"成""上""近""约"及其对外汉语教学研究，湖南师范大学硕士学位论文。

赵世开（1999）《汉英对比语法论集》，上海：上海外语教育出版社。

赵新、李英（2009）《商务馆学汉语近义词词典》，北京：商务印书馆。

赵玉萍（2017）汉泰成语中的数词对比研究，浙江大学硕士学位论文。

赵元任（1979）《汉语口语语法》，北京：商务印书馆。

郑惠云（2012）泰国学生汉语概数习得研究，西南大学硕士学位论文。

郑秋娟（2007）有关数词的两点质疑——以《关于〈现代汉语词典（第 5 版）〉词类标注的说明》为例，《苏州教育学院学报》第 4 期。

郑氏心（2015）越南学生汉语概数习得偏误分析，吉林大学硕士学位论文。

中国标准出版社（2014）《标点符号、数字、拼音用法标准》，北京：中国标准出版社。

中华人民共和国教育部、国家语言文字工作委员会（2021）《国际中文教育中文水平等级标准》，北京：北京语言大学出版社。

周法高（1959）《中国古代语法——称代编》，"中央研究院"历史语言研究所专刊之三十九，台北："中央研究院"历史语言研究所。

周丽靖（2012）对外汉语初级教材中的数词研究——基于一项留学生数词学习情况的调研与思考，浙江大学硕士学位论文。

朱德熙（1958）数词和数词结构，《中国语文》4 月号。

朱德熙（1982）《语法讲义》，北京：商务印书馆。

朱虹（2017）美国学生习得汉语概数词偏误分析研究，中央民族大学硕士学位论文。

朱祖延（1978）释"十二"、"三十六"、"七十二"，《武汉师范学院学报（哲学社会科学版）》第 1 期。

宗世海、张鲁昌（2008）汉语量代词"多"的用法及其解释，《外语教学与研究》第 4 期。

后　记

　　本书是齐沪扬教授主持的国家社科基金重大项目"对外汉语教学语法大纲研制和教学参考语法书系（多卷本）"（17ZDA307）子课题书系系列的成果之一，感谢齐老师邀请我参加课题。此外，齐老师在课堂教学、课题研究、论文发表等诸多方面也给予我许多帮助和鼓励，谢谢齐老师。本辑主编李劲荣老师、编辑张建老师等各位老师也给予笔者无私指导和帮助，在此一并致谢。

　　本书主要分为四个部分：数词知识、数字使用、数词文化和数词教学。数词知识部分占了较大篇幅，也是数字使用、数词教学等内容的前提和基础。这一部分还基于 HSK 动态作文语料库对一些出现频率较高、较复杂的数词或涉数表达的习得情况做了分析，并提出一些教学建议。

　　笔者虽然从事对外汉语教学近十年，但始终对这门艺术充满敬畏，觉得自己是个小学生，书中提出的观点和建议不一定科学，敬请专家学者批评指正。本书也参考了诸多前贤时彦的大作，统致谢忱。

　　本书初稿曾请研究生叶如同学和冯琴琴同学校读，改正了一些错误，谢谢两位同学。

钟小勇
2023 年 5 月